5 ASTUCES POUR DÉMARRER !

1) COMMENT RÉSOUDRE LES MOTS MÊLÉS

Les puzzles sont dans un format classique :

- Les mots sont cachés sans espaces, tirets, ...
- Orientation : Les mots peuvent être écrits en avant, en arrière, vers le haut, vers le bas ou en diagonale (ils peuvent être inversés).
- Les mots peuvent se chevaucher ou se croiser.

2) UN APPRENTISSAGE ACTIF

Un espace est prévu à côté de chaque mots pour noter la traduction. Pour favoriser un apprentissage actif un **DICTIONNAIRE** à la fin de cette édition vous permettra de vérifier et étendre vos connaissances. Cherchez et notez les traductions, trouvez-les dans le Puzzle et ajoutez-les à votre vocabulaire !

3) MARQUEZ LES MOTS

Vous pouvez inventer votre propre système de marquage. Peut-être en utilisez-vous déjà un ? Sinon, vous pourriez, par exemple, marquer les mots qui ont été difficiles à trouver d'une croix, ceux que vous avez aimés d'une étoile, les mots nouveaux d'un triangle, les mots rares d'un diamant, etc...

4) STRUCTUREZ VOTRE APPRENTISSAGE

Cette édition vous offre un **CARNET DE NOTES** très pratique à la fin du livre. En vacances ou en voyage ou à la maison, vous pouvez facilement organiser vos nouvelles connaissances sans avoir besoin d'un second bloc-notes !

5) VOUS AVEZ FINI TOUTES LES GRILLES ?

Allez à la section bonus **CHALLENGE FINAL** pour trouver un jeu gratuit à la fin de cette édition !

Simple et Rapide ! Découvrez notre collection de livres d'activités pour votre prochain moment de détente et **d'apprentissage**, à juste un clic de distance !

Trouvez votre prochain défi sur :

BestActivityBooks.com/MonProchainLivre

À vos marques, prêts... Partez !

Saviez-vous qu'il existe environ 7 000 langues différentes dans le monde ? Les mots sont précieux.

Nous aimons les langues et avons travaillé dur pour créer les livres de la plus haute qualité pour vous. Nos ingrédients ?

Une sélection des thématiques d'apprentissage adaptée, trois belles parts de divertissement, puis nous ajoutons une cuillère de mots difficiles et une pincée de mots rares. Nous les servons avec soin et un maximum de plaisir pour vous permettre de résoudre les meilleurs jeux de mots mêlés qui soient et d'apprendre en vous amusant !

Votre avis est essentiel. Vous pouvez participer activement au succès de ce livre en nous laissant un commentaire. Nous aimerions vraiment savoir ce que vous avez préféré dans cette édition !

Voici un lien rapide qui vous mènera à la page d'évaluation de vos commandes :

BestBooksActivity.com/Avis50

Merci pour votre aide et amusez-vous bien !

De la part de toute l'équipe

1 - Adjectifs #2

```
N O U L X Y D Y A M T D I Z
A U T E N T I C Y Â A E N O
P R O D U C T I V N L S T A
A S O M N O R O S D E C E R
H X O Q H P G Ţ M R N R R E
P O C T C U L K A U T I E S
K U E V I T A E R C A P S P
F S R G T E N K C B T T A O
C O T C A R T A C S U I N N
S T Y E M N Ţ Y G T J V T S
E Ă A Ţ A I N B S E X Z Ţ A
R N R M R C I T A B L Ă S B
I Ă D A D O L Y Y A J E I I
F S K U T C E L E B R U K L
```

AUTENTIC	FIRESC
CELEBRU	NOU
CREATIV	PRODUCTIV
DESCRIPTIV	PUR
TALENTAT	RESPONSABIL
DRAMATIC	SĂNĂTOS
ELEGANT	SĂRAT
MÂNDRU	SĂLBATIC
PUTERNIC	USCAT
INTERESANT	SOMNOROS

2 - Formes

```
G  L  L  B  J  Ţ  L  A  A  J  A  G  C  P
P  D  R  H  J  R  I  B  E  V  X  P  O  O
T  A  R  I  H  G  N  U  I  R  T  E  L  L
N  Ă  R  E  F  S  I  Y  X  E  V  L  Ţ  I
X  Ă  C  T  P  A  A  N  Z  Z  P  I  Z  G
V  L  W  Q  E  T  O  V  A  L  R  P  L  O
R  O  C  U  X  Ţ  U  Y  V  W  I  S  F  N
A  B  U  C  O  I  R  N  W  I  S  Ă  Z  H
B  R  J  M  C  X  D  O  G  Y  M  D  G  I
W  E  C  W  E  N  N  C  B  H  Ă  F  B  O
D  P  A  H  Ă  D  I  M  A  R  I  P  I  N
S  I  M  D  F  H  L  S  L  C  U  R  B  Ă
L  H  T  K  L  K  I  N  I  G  R  A  M  T
V  Q  C  E  R  C  C  K  P  Ă  T  R  A  T
```

ARC	ELIPSĂ
MARGINI	HIPERBOLĂ
PĂTRAT	LINIA
CERC	OVAL
COLŢ	POLIGON
CURBĂ	PRISMĂ
CON	PIRAMIDĂ
PARTE	DREPTUNGHI
CUB	SFERĂ
CILINDRU	TRIUNGHI

3 - Force et Gravité

```
P  R  O  P  R  I  E  T  Ă  Ț  I  Z  P  U
L  Ț  D  H  H  F  M  C  H  Ț  E  N  R  N
W  D  I  B  R  Y  S  P  F  U  X  F  E  I
Ă  Ț  N  A  T  S  I  D  T  G  P  R  S  V
W  G  A  C  E  N  T  R  U  C  A  E  I  E
A  R  M  X  U  Q  E  H  M  M  N  C  U  R
H  E  I  A  P  Z  N  E  I  E  S  A  N  S
F  U  C  V  T  V  G  A  Ș  C  I  R  E  A
I  T  O  X  Q  Z  A  X  C  A  U  E  V  L
Z  A  T  I  M  P  M  Ă  A  N  N  F  I  N
I  T  C  A  P  M  I  S  R  I  E  F  T  Ț
C  E  T  E  N  A  L  P  E  C  O  Z  E  W
Ă  T  I  B  R  O  R  D  S  A  A  C  Z  U
D  E  S  C  O  P  E  R  I  R  E  Z  Ă  Ț
```

AXĂ
CENTRU
DESCOPERIRE
DISTANȚĂ
DINAMIC
EXPANSIUNE
FRECARE
IMPACT
MAGNETISM
MECANICA

MIȘCARE
ORBITĂ
FIZICĂ
PLANETE
GREUTATE
PRESIUNE
PROPRIETĂȚI
TIMP
UNIVERSAL
VITEZĂ

4 - Adjectifs #1

```
O N N X A M B I Ţ I O S U S
L N R E F Ţ N R S G L U K I
L W E U V C T C E F R E P N
P I D O E I P M F X N E V C
A R O M A T N V L X O Ţ U E
R E M A S N B O W Z Q T L R
L N C P Y E X Q V V J S I E
F I X T Y D N M Y A Q N B C
D T M U V I T C A R T A F K
A K I M P O R T A N T R A Q
A C T I V A R T I S T I C D
S U B Ţ I R E E F Î N C E T
A B S O L U T I M E N S G Y
G E N E R O S F R U M O S M
```

ABSOLUT	SINCER
ACTIV	IDENTIC
AMBIŢIOS	IMPORTANT
AROMAT	NEVINOVAT
ARTISTIC	TINERI
ATRACTIV	ÎNCET
FRUMOS	GREU
EXOTIC	SUBŢIRE
IMENS	MODERN
GENEROS	PERFECT

5 - Instruments de Musique

```
T W A N F H P E R C U Ţ I E
A E V O I L A R O L H O H Z
M C R N P L A R G R H J M W
B H Q U X L U U P Z Ţ N M I
U I S N W I V G T Ă N A I P
R T S A X O F O N K O B O I
I A I G O N G I H B I N A
N R C L A R I N E T M Q U J
Ă Ă T E P M O R T N O E G D
A K R M A R I M B A R R W T
K D J A F A G O T V T R J N
M A N D O L I N Ă D T O B Ă
N D X P V I M U Z I C U Ţ Ă
K F M M U D V Ţ L R H E Ţ R
```

BANJO	MARIMBA
FAGOT	PERCUŢIE
CLARINET	PIAN
FLAUT	SAXOFON
GONG	TOBĂ
CHITARĂ	TAMBURINĂ
MUZICUŢĂ	TROMBON
HARPĂ	TROMPETĂ
OBOI	VIOARĂ
MANDOLINĂ	

6 - Échecs

```
P  C  T  S  R  U  C  N  O  C  I  U  V  D
R  Q  U  T  N  E  G  I  L  E  T  N  I  I
O  A  R  R  J  M  U  P  J  B  Y  A  S  A
V  Y  N  A  V  U  I  X  U  D  D  R  A  G
O  L  E  T  S  R  C  O  J  N  F  E  P  O
C  N  U  E  O  G  I  Ă  D  K  C  E  P  N
Ă  A  O  G  Y  E  F  X  T  Y  E  T  A  A
R  D  R  I  A  N  I  Ţ  K  O  K  J  E  L
I  V  E  E  P  K  R  T  R  Ţ  R  H  R  Ă
J  E  G  V  M  M  C  I  K  O  A  K  E  Q
B  R  U  V  I  F  A  A  L  B  V  Q  G  V
V  S  L  L  T  M  S  C  R  E  G  E  I  E
B  A  I  V  D  F  D  T  W  W  M  Y  N  Q
J  R  N  E  B  Ţ  B  R  G  W  L  P  Ă  Q
```

ADVERSAR	PASIV
ALB	PUNCTE
CAMPION	REGINĂ
CONCURS	REGULI
PROVOCĂRI	REGE
DIAGONALĂ	SACRIFICIU
INTELIGENT	STRATEGIE
JOC	TIMP
JUCĂTOR	TURNEU
NEGRU	

7 - Herboristerie

```
E  L  M  G  E  R  A  O  L  F  T  M  Q  S
P  P  Ă  Z  I  U  O  U  S  T  U  R  O  I
F  E  N  I  C  U  L  Z  Ă  T  N  E  M  P
H  T  I  B  F  K  R  Ș  M  B  G  S  M  Ă
V  A  D  Q  E  L  V  M  O  A  V  Z  Z  T
O  T  Ă  O  N  N  A  U  R  F  R  O  L  R
L  I  R  E  D  R  E  V  A  W  R  I  V  U
N  L  G  H  S  V  N  F  J  Z  C  A  N  N
Z  A  Z  M  U  R  B  M  I  C  U  B  N  J
M  C  O  I  U  S  U  B  L  C  L  P  O  E
I  N  G  R  E  D  I  E  N  T  I  X  H  L
L  A  V  A  N  D  Ă  C  A  F  N  B  R  V
M  A  G  H  I  R  A  N  Y  C  A  M  A  H
A  R  O  M  A  T  F  F  R  I  R  W  T  E
```

USTUROI	LAVANDĂ
AROMAT	MAGHIRAN
BUSUIOC	MENTĂ
BENEFIC	PĂTRUNJEL
CULINAR	CALITATE
TARHON	ROZMARIN
FENICUL	ȘOFRAN
FLOARE	AROMĂ
INGREDIENT	CIMBRU
GRĂDINĂ	VERDE

8 - Véhicules

```
R I F M T I M O W Q B Ă C U
S A S R A T K E Ă R G Ţ A T
U M C O X K A S T U Q N M R
B A Q H I R E C U R Ţ A I A
M Ş Ţ F E E E U L B O L O C
A I R T X T F T P A O U N T
R N D M D P Ă E W C G B Ţ O
I Ă U X C O F R O T O M D R
N W L V O C C X K G E A X X
B Ţ B I C I C L E T Ă M Q A
H A R D G L N A V E T Ă O V
Y K R X K E P O L E V N A I
Q Y U C A U T O B U Z R A O
Z D P G Ă N A V A R A C P N
```

AMBULANŢĂ	MOTOR
AVION	NAVETĂ
BARCĂ	ANVELOPE
AUTOBUZ	PLUTĂ
CAMION	SCUTER
CARAVANĂ	SUBMARIN
BAC	TAXI
RACHETĂ	TRACTOR
ELICOPTER	BICICLETĂ
METROU	MAŞINĂ

9 - Camping

```
E  C  H  I  P  A  M  E  N  T  F  T  A  S
O  F  X  E  F  H  A  R  T  Ă  F  O  C  C
N  N  R  B  E  E  A  V  E  N  T  U  R  Ă
A  A  C  Â  T  T  L  B  U  S  O  L  Ă  T
C  T  O  B  N  R  Z  I  F  Q  Y  U  C  C
A  U  R  F  U  G  R  Ă  N  I  B  A  C  E
L  R  T  E  M  C  H  I  W  A  Q  X  E  S
W  Ă  I  I  P  Ţ  L  I  L  G  R  H  P  N
Z  V  G  R  W  V  C  X  E  N  G  J  Ă  I
B  F  A  Ă  S  H  A  Ţ  L  E  F  M  D  R
W  H  V  L  Z  I  M  M  N  U  H  T  U  H
V  Â  N  Ă  T  O  A  R  E  H  N  S  R  A
A  Q  W  P  X  D  H  U  K  Q  T  A  E  F
L  G  P  X  A  N  I  M  A  L  E  F  V  P
```

ANIMALE	FOC
AVENTURĂ	PĂDURE
BUSOLĂ	HAMAC
CABINĂ	INSECTĂ
CANOE	LAC
HARTĂ	FELINAR
PĂLĂRIE	LUNA
VÂNĂTOARE	MUNTE
FRÂNGHIE	NATURĂ
ECHIPAMENT	CORT

10 - Écologie

```
D  I  V  E  R  S  I  T  A  T  E  U  C  X
M  P  L  A  N  T  E  S  R  U  S  E  R  K
H  Ă  Ă  R  U  T  A  N  V  E  C  H  E  Z
A  E  R  I  U  Ț  E  I  V  A  R  P  U  S
B  Z  O  I  V  H  H  B  F  Ț  G  E  D  Q
I  K  L  U  N  O  S  L  B  E  J  P  U  H
T  N  F  A  R  S  L  A  B  O  L  G  R  I
A  L  D  H  H  P  P  U  C  U  L  V  A  F
T  A  M  I  L  C  J  E  N  S  H  Y  B  I
M  L  A  Ș  T  I  N  Ă  C  T  W  Z  I  R
S  E  C  E  T  Ă  L  N  Y  I  A  V  L  E
N  M  V  C  P  Q  D  U  T  F  E  R  Ă  S
E  T  A  T  E  I  R  A  V  B  K  M  I  C
D  V  N  L  E  G  Y  F  K  O  P  H  G  Z
```

VOLUNTARI	MLAȘTINĂ
CLIMAT	MARIN
DIVERSITATE	NATURĂ
DURABILĂ	FIRESC
SPECIE	PLANTE
FAUNĂ	RESURSE
FLORĂ	SECETĂ
GLOBAL	SUPRAVIEȚUIRE
HABITAT	VARIETATE

11 - Géométrie

```
U  H  K  T  D  N  K  X  E  O  T  S  P  M
N  Y  W  C  L  I  M  B  I  B  E  E  R  A
G  B  M  G  U  I  A  G  R  Ţ  O  G  O  S
H  I  D  U  C  E  L  M  T  L  R  M  P  Ă
I  S  J  G  L  C  W  K  E  A  I  E  O  C
M  E  C  U  A  Ţ  I  E  M  T  E  N  R  I
K  E  Y  J  C  D  R  Q  I  N  R  T  Ţ  G
U  M  D  B  O  Y  U  D  S  P  U  U  I  O
V  I  L  I  H  G  N  U  I  R  T  M  E  L
Ă  Ţ  A  F  A  R  P  U  S  Ă  L  M  Ă  P
J  L  S  J  Q  N  K  G  F  B  D  Z  U  R
M  Ă  E  X  W  V  Ă  P  A  R  A  L  E  L
E  N  X  H  I  X  W  E  Q  U  E  O  B  W
Z  Î  G  U  Ţ  K  C  E  R  C  I  H  U  R
```

UNGHI	MEDIANĂ
CALCUL	NUMĂR
CERC	PARALEL
CURBĂ	PROPORŢIE
DIAMETRU	SEGMENT
ECUAŢIE	SUPRAFAŢĂ
ÎNĂLŢIME	SIMETRIE
LOGICĂ	TEORIE
MASĂ	TRIUNGHI

12 - Les Médias

```
C E D U C A Ţ I E P V J I I
F O K L Ţ I P U O R B U N N
O A M A E R M L N E D S D D
T T M U I G K A E S V U I U
O I G T N O Y C G Ă J H V S
G T L C I I W O U J C I T
R U V E P F C L O P N R D R
A D C L O S Y A T N H I U I
F I A E Ţ E R T R V L C A E
I N V T E I Ţ I D E W I L B
I I A N U P A G U T B L N X
Ţ J H I N S Y I N P W B T E
R A D I O P P D W A A U O P
C O M E R C I A L F Z P C T
```

ATITUDINI
COMERCIAL
COMUNICARE
ONLINE
EDIŢIE
EDUCAŢIE
FAPTE
IMAGINI
INDIVIDUAL
INDUSTRIE

INTELECTUAL
PRESĂ
LOCAL
DIGITAL
OPINIE
FOTOGRAFII
PUBLIC
RADIO
REŢEA

13 - Philanthropie

```
O  B  I  E  C  T  I  V  E  L  E  I  B  G
P  R  O  V  O  C  Ă  R  I  I  P  O  C  R
P  C  Y  C  Q  M  O  Z  T  V  Z  H  U  U
U  C  W  I  Q  F  N  G  E  T  E  O  I  P
B  L  D  N  U  Q  E  I  R  O  T  S  I  U
L  U  M  E  V  D  S  R  E  Ţ  A  C  R  R
I  O  K  M  T  X  T  E  N  J  T  O  U  I
C  L  G  A  L  A  I  N  I  C  I  N  D  F
N  E  V  O  I  E  T  U  T  O  N  T  N  I
G  L  O  B  A  L  A  I  Z  S  U  A  O  N
R  K  J  X  N  M  T  S  R  D  M  C  F  A
Ţ  A  M  H  U  L  E  I  Ţ  A  O  T  B  N
M  P  R  O  G  R  A  M  E  I  C  E  R  Ţ
G  E  N  E  R  O  Z  I  T  A  T  E  H  A
```

NEVOIE	GENEROZITATE
OBIECTIVELE	GLOBAL
CARITATE	GRUPURI
COMUNITATE	ISTORIE
CONTACTE	ONESTITATE
PROVOCĂRI	TINERET
COPII	MISIUNE
FINANŢA	PROGRAME
FONDURI	PUBLIC
OAMENI	

14 - Diplomatie

```
D A O E Ă Ă C I T I L O P N
I M A R D Y S E I Ţ U L O S
S B C A A O R A T I N A M U
C A T R S L C W L Ă J U A W
U S M E A V L B C E Ţ T I N
Ţ A Y P B X X E I T Q E H R
I D C O M U N I T A T E N E
E O C O A M R Ţ A T C T A I
O R Ă C I T E U M I I R R L
R P M W P J V L O R L A A I
O Y H U B J U O L U F T Q S
U V B H H M G Z P C N A Q N
D R E P T A T E I E O T Z O
S T R Ă I N D R D S C A V C
```

AMBASADĂ
AMBASADOR
CETĂŢENI
COMUNITATE
CONFLICT
CONSILIER
COOPERARE
DIPLOMATIC
DISCUŢIE
ETICĂ

STRĂIN
GUVERN
UMANITAR
DREPTATE
POLITICĂ
REZOLUŢIE
SECURITATE
SOLUŢIE
TRATAT

15 - Électricité

```
C E B Z E T C E I B O N H G
A C F E R L D Q B Y R E P E
N H T N O F E L E T R G O Z
T I T A F B L C D H Z A Z D
I P E I J K E A T W O T I E
T A L C N B N N M R F I T P
A M E I R E Ț E A P I V I O
T E V R C L A S E R Ă C V Z
E N I T Y A M A G N E T E I
Ț T Z C P P B F I R E A Ă T
T G I E M X Ț L J T L I Z A
O N U L R A E E U B B S I R
R Y N E G E N E R A T O R E
L G E I B A T E R I E K P X
```

MAGNET	LASER
BEC	NEGATIV
BATERIE	OBIECTE
CABLU	POZITIV
ELECTRICIAN	PRIZĂ
ELECTRIC	CANTITATE
ECHIPAMENT	REȚEA
FIRE	DEPOZITARE
GENERATOR	TELEFON
LAMPĂ	TELEVIZIUNE

16 - Astronomie

```
A  H  E  K  C  R  Z  Q  C  Z  L  S  C  I
R  F  S  Ă  E  A  A  T  S  O  M  S  O  C
S  A  J  S  R  H  U  C  Q  H  S  L  N  E
O  V  D  P  J  R  V  C  H  B  R  U  S  C
L  Q  E  I  X  A  L  A  G  E  O  N  T  H
A  Q  U  L  A  K  J  P  A  Z  T  A  E  I
R  T  N  C  P  Ţ  J  J  I  M  A  Ă  L  N
P  L  D  E  R  Z  I  F  N  O  V  P  A  O
Ţ  L  V  P  N  T  L  E  N  N  R  Ă  Ţ  C
Ă  S  A  O  L  U  B  E  N  O  E  M  I  Ţ
M  Y  M  N  M  E  T  E  O  R  S  Â  E  I
D  I  O  R  E  T  S  A  Y  T  B  N  Z  U
B  N  T  X  E  T  O  O  U  S  O  T  S  N
A  E  S  Ţ  U  F  Ă  Ţ  F  A  I  F  S  X
```

ASTEROID	LUNA
ASTRONOM	METEOR
CER	NEBULOASĂ
CONSTELAŢIE	OBSERVATOR
COSMOS	PLANETĂ
ECLIPSĂ	RADIAŢIE
ECHINOCŢIU	SOLAR
RACHETĂ	PĂMÂNT
GALAXIE	

17 - Physique

```
E  L  E  C  T  R  O  N  K  R  Y  U  P  I
U  W  H  C  H  I  M  I  C  G  C  J  V  T
Ă  Y  G  J  W  A  K  Z  N  G  G  Y  J  X
Q  S  R  N  U  C  L  E  A  R  U  W  V  N
E  T  A  T  I  S  N  E  D  G  E  K  W  U
M  W  V  M  S  I  T  E  N  G  A  M  Ă  Ă
Y  H  I  T  O  Ă  X  W  N  T  Q  L  Ț  L
M  O  T  A  J  L  A  S  R  E  V  I  N  U
V  N  A  Q  J  U  E  Ț  V  X  Z  H  E  C
I  K  Ț  U  M  M  O  C  J  N  F  A  V  I
T  G  I  Z  O  R  U  H  U  D  I  O  C  T
E  I  E  J  T  O  X  Ț  Y  L  F  S  E  R
Z  V  Q  V  O  F  N  C  M  K  Ă  K  R  A
Ă  E  R  A  R  E  L  E  C  C  A  E  F  P
```

ACCELERARE	GRAVITAȚIE
ATOM	MAGNETISM
HAOS	MASĂ
CHIMIC	MOLECULĂ
DENSITATE	MOTOR
ELECTRON	NUCLEAR
FORMULĂ	PARTICULĂ
FRECVENȚĂ	UNIVERSAL
GAZ	VITEZĂ

18 - Types de Cheveux

```
G  R  O  S  C  S  C  U  R  T  A  B  R  Z
Î  E  Ţ  O  W  O  W  I  W  A  K  Ţ  U  D
M  T  C  H  E  L  L  O  F  C  G  D  Z  L
P  D  Q  G  O  A  F  O  M  S  D  H  I  A
L  Ţ  J  A  D  G  R  S  R  U  Y  I  O  N
E  L  N  E  G  R  U  G  K  A  Z  Ţ  M  M
T  Y  L  D  X  B  T  Ţ  I  Ţ  T  C  O  A
I  T  S  Ă  N  Ă  T  O  S  N  E  E  A  R
T  A  U  V  U  O  G  L  C  V  T  L  L  O
G  L  S  V  A  Q  L  C  R  N  U  C  E  W
S  U  B  Ţ  I  R  E  B  E  X  C  U  Ţ  E
Ţ  D  U  A  R  J  M  L  T  S  Z  B  C  S
Y  N  Z  M  G  V  H  A  L  U  C  I  O  S
G  O  O  L  U  N  G  N  K  V  E  W  E  Y
```

ARGINT	CRET
ALB	GRI
BLOND	LUNG
BUCLE	MARO
LUCIOS	SUBȚIRE
CHEL	NEGRU
COLORATE	ONDULAT
SCURT	SĂNĂTOS
MOALE	USCAT
GROS	ÎMPLETIT

19 - Archéologie

```
R E T E T A T I H C I T N A
L V E E F A X U R E E R Ă M
Ă A M T C O I P E R B M Z O
V L P C E H S D O A V I I R
C U L E L N I I O M B S L M
I A U I R C H P L I U T A Â
L R M B H D I B Ă C I E N N
E E K O K M K A F Ă T R A T
R X P R O F E S O R A T A B
M R P J O U B G A R T H J Ţ
S Ţ F E I Ţ A Z I L I V I C
R O J W R O T Ă T E C R E C
C I Y J B T H D E O A S E A
D E S C E N D E N T N L J G
```

ANALIZĂ
ANTICHITATE
CERCETĂTOR
CIVILIZAŢIE
DESCENDENT
EXPERT
ERĂ
ECHIPĂ
EVALUARE
FOSIL

MISTER
OBIECTE
OASE
UITAT
CERAMICĂ
PROFESOR
RELICVĂ
TEMPLU
MORMÂNT

20 - Mammifères

```
U R S G R R I Y W M V Y M V
E R U N E I F V N A Z F K E
L U G N Z O P R V I K G V O
Ţ A E I Q F R Q F M B M I A
S T S Q T N M D R U A J P Ţ
W Q L U P C F H Ţ Ţ U Y M S
T L E I A O O T P Ă R B E Z
G I R A F Ă V E L E F A N T
D N U M L C U U H V H C I C
E B P Q V Ă N E L A B Â F O
C Z E C A N G U R P J I L I
N A I P I S I C Ă B E N E O
N Ă L I R O G W E W L E D T
F I Y E R Ţ J U K R E Q W C
```

BALENĂ
PISICĂ
CAL
CÂINE
COIOT
DELFIN
ELEFANT
GIRAFĂ
GORILĂ
CANGUR

IEPURE
LEU
LUP
OAIE
URS
VULPE
MAIMUŢĂ
TAUR
TIGRU
ZEBRĂ

21 - Mathématiques

```
D  Z  C  P  S  I  M  E  T  R  I  E  C  R
R  E  Y  A  E  I  Ţ  A  U  C  E  P  I  W
E  C  M  R  N  R  E  G  K  V  M  O  R  S
P  I  A  I  U  Q  I  Ă  M  B  N  L  C  Z
T  M  R  T  I  U  R  M  Z  H  U  I  U  T
U  A  G  M  Ţ  N  T  U  E  G  A  G  M  R
N  L  O  E  C  G  E  S  P  T  A  O  F  I
G  V  L  T  A  H  M  R  A  A  R  N  E  U
H  O  E  I  R  I  O  X  R  R  W  U  R  N
I  L  L  C  F  U  E  M  A  T  E  V  I  G
X  U  A  Ă  I  R  G  M  L  Ă  G  M  N  H
F  M  R  B  A  I  T  E  E  P  U  J  Ţ  I
D  I  A  M  E  T  R  U  L  I  L  Y  Ă  D
Ţ  S  P  E  X  P  O  N  E  N  T  I  A  B
```

UNGHIURI	PARALEL
ARITMETICĂ	PARALELOGRAM
PĂTRAT	PERIMETRU
CIRCUMFERINŢĂ	POLIGON
ZECIMAL	DREPTUNGHI
DIAMETRU	SUMĂ
EXPONENT	SIMETRIE
ECUAŢIE	TRIUNGHI
FRACŢIUNE	VOLUM
GEOMETRIE	

22 - Mythologie

```
N E M U R I R E E R O U C N
U I S S T E L M Z K J P U A
R R T D A B G H B J T C L Q
T Ă G U X M M L R J J O T C
S T Z E N W U R U P E M U U
N S X Ț Y E R L S F R P R C
O V K N P I T E H R A O Ă R
M A G I C Z S B F O N R D E
P W X D Y O A P Ă T U T N A
Ț O I E Z L Z I P I B A E R
A Q X R Z E E P T R Z M G E
C M T C O G D T U U Ă E E V
L A B I R I N T R M R N L W
K C I N I O B Z Ă R V T W O
```

ARHETIP	EROU
DEZASTRU	NEMURIRE
COMPORTAMENT	GELOZIE
CREARE	LABIRINT
FĂPTURĂ	LEGENDĂ
CREDINȚE	MAGIC
CULTURĂ	MONSTRU
FULGER	MURITOR
TĂRIE	TUNET
RĂZBOINIC	RĂZBUNARE

23 - Restaurant #2

```
C P N A J Z P Y K L T O R T
O I R H P H K U X E T Ş E P
N W C Â V E R A S G T T O D
D E H P N L R K G U K C H L
I B R Z U Z T I C M Ţ S V I
M L Ă Ţ A E H G T E I N F N
E D P V C Y H G C I C C F G
N E A S S L Q L E I V V B U
T L E D C F K H Q Q N Ţ Ă R
E I G V U R F U R C Ă A U Ă
E C G Z I U J A S W P M T U
X I C Q D C P Ţ P E U J U O
V O Z X Ă T A L A S S S R K
Y S C H E L N E R U D M Ă H
```

APERITIV
BĂUTURĂ
SCAUN
LINGURĂ
PRÂNZ
DELICIOS
CINA
APĂ
CONDIMENTE
FURCĂ

FRUCT
TORT
GHEAŢĂ
LEGUME
OUĂ
PEŞTE
SALATĂ
SARE
CHELNER
SUPĂ

24 - Beauté

```
I  Y  C  P  P  H  A  F  J  V  W  J  P  P
Ţ  I  I  I  I  S  E  R  A  O  L  U  C  A
Ă  R  N  I  Y  E  T  X  I  R  P  R  G  R
Ţ  U  E  C  Q  L  L  W  H  O  M  T  J  F
N  I  G  I  N  C  B  E  C  J  E  E  Y  U
A  E  O  V  G  U  B  S  A  J  R  E  C  M
G  L  T  R  W  B  K  Z  M  F  C  L  G  Q
E  U  O  E  O  G  L  I  N  D  Ă  E  R  U
L  L  F  S  D  Y  L  N  Y  M  S  G  A  R
E  F  O  A  R  F  E  C  E  A  N  A  Ţ  L
N  W  D  T  R  I  M  E  L  E  M  N  I  F
Ș  A  M  P  O  N  S  N  T  Q  F  T  E  J
D  Z  D  J  K  C  O  S  M  E  T  I  C  E
G  T  E  R  S  T  I  L  I  S  T  S  G  X
```

BUCLE

FARMEC

FOARFECE

COSMETICE

CULOARE

ELEGANȚĂ

ELEGANT

GRAȚIE

ULEIURI

NETED

MACHIAJ

RIMEL

OGLINDĂ

PARFUM

PIELE

FOTOGENIC

RUJ

SERVICII

ȘAMPON

STILIST

25 - Avions

```
A P A S A G E R Ț A J M N C
L V C O N S T R U C Ț I E O
F S E R A Z I R E T A D W B
M O V N Ă R E F S O M T A O
U I L E T P I L O T O I D R
A A O G M U C Y S E T R I Â
E O X O S Ț R E A K O C R R
M C E R D U E Ă Y D R M E E
I G H D T K C N N N C B C I
Ț E N I D U T I T L A A Ț R
L O V H P Ț I E T Z V L I O
Ă E F C Q A J P D U X O E T
N Z U L U H J I Z P V N Ț S
Î C O M B U S T I B I L F I
```

AER
ALTITUDINE
ATMOSFERĂ
ATERIZARE
AVENTURĂ
BALON
COMBUSTIBIL
CER
CONSTRUCȚIE
COBORÂRE

DIRECȚIE
ECHIPAJ
UMFLA
ÎNĂLȚIME
ISTORIE
HIDROGEN
MOTOR
PASAGER
PILOT

26 - Aventure

```
Ţ  N  O  C  Ş  N  E  N  Y  K  E  B  D  Q
A  A  J  P  U  A  V  R  H  F  X  B  E  Y
P  V  N  J  O  R  N  I  I  B  C  B  S  F
C  I  Y  F  T  R  A  S  S  R  U  U  T  R
P  G  Q  H  C  R  T  J  Ă  I  R  C  I  U
R  A  M  I  B  P  Q  U  P  S  S  U  N  M
E  R  S  Ă  R  U  T  A  N  G  I  R  A  U
G  E  A  S  Y  D  V  W  Ţ  I  E  I  Ţ  S
Ă  S  I  G  U  R  A  N  Ţ  Ă  T  E  I  E
T  N  Z  I  T  I  N  E  R  A  R  A  E  Ţ
I  O  U  P  E  R  I  C  U  L  O  S  T  E
R  U  T  N  E  O  B  I  Ș  N  U  I  T  E
E  I  N  D  I  F  I  C  U  L  T  A  T  E
A  A  E  T  A  T  I  V  I  T  C  A  F  Ţ
```

ACTIVITATE
FRUMUSEŢE
CURAJ
ŞANSĂ
PERICULOS
DESTINAŢIE
DIFICULTATE
ENTUZIASM
EXCURSIE

NEOBIȘNUIT
ITINERAR
BUCURIE
NATURĂ
NAVIGARE
NOU
OPORTUNITATE
PREGĂTIREA
SIGURANŢĂ

27 - Ville

```
D A D U W U N Ă E Ţ E U R A
T W M D Q G A L E R I E E O
T R O P O R E A I A C Z S S
Q P F T H O I O R R A U T U
B A N C Ă B N C Ă O M M A P
S A L O N I C Ş R L R H U E
T M J K O B A L B F A O R R
O E M G I L T F I K F T A M
N N C P D I I V L N R E N A
H I Q I A O U C M L I L T R
H C H A T T L Ţ W Z Z C Q K
G B Ţ Ţ S E Ţ V N D S P A E
L L B Ă A C P N U R T A E T
I Ţ E I R Ă T U R B D H Ţ Ţ
```

AEROPORT
BANCĂ
BIBLIOTECĂ
BRUTĂRIE
CINEMA
CLINICA
ŞCOALĂ
FLORAR
GALERIE
HOTEL

LIBRĂRIE
PIAŢĂ
MUZEU
FARMACIE
RESTAURANT
SALON
STADION
SUPERMARKET
TEATRU

28 - Ingénierie

```
L  C  O  N  S  T  R  U  C  Ț  I  E  K  O
I  H  G  N  U  S  T  R  U  C  T  U  R  A
C  X  J  F  M  E  N  E  R  G  I  E  Ț  D
H  P  R  O  P  U  L  S  I  E  U  U  Y  I
I  S  T  A  B  I  L  I  T  A  T  E  L  A
D  R  A  R  D  E  M  I  C  N  Â  D  A  M
M  D  L  Ă  N  I  R  O  T  O  M  O  D  E
Ț  E  Ț  X  L  R  A  U  N  E  L  T  E  T
S  I  X  A  S  Ă  W  G  S  T  V  S  T  R
W  Ț  E  H  B  T  R  O  R  O  T  O  M  U
M  A  Ș  I  N  Ă  P  P  T  A  P  J  U  T
G  T  U  C  C  A  L  C  U  L  M  C  J  R
P  O  A  D  K  E  R  A  R  U  S  Ă  M  X
P  R  D  I  S  T  R  I  B  U  Ț  I  E  C
```

UNGHI	TĂRIE
AXĂ	LICHID
CALCUL	MAȘINĂ
CONSTRUCȚIE	MĂSURARE
DIAGRAMĂ	MOTOR
DIAMETRU	ADÂNCIME
MOTORINĂ	PROPULSIE
DISTRIBUȚIE	ROTAȚIE
UNELTE	STABILITATE
ENERGIE	STRUCTURA

29 - Énergie

```
M O C C O M B U S T I B I L
B O K A M O T O R I N Ă X H
M U T F R Q T C Ă L D U R Ă
P O R O I B L U S O A R E Q
V Â N T R P O K R F O T O N
P O L U A R E N I B A Ţ I E
F Ţ H I D R O G E N I A Q L
P S R D Ă N I Z N E B N J E
R E G E N E R A B I L E Ă C
J U X M M I K S Q R G O K T
N U C L E A R O Q E Ţ K A R
E L E C T R I C K T C T L O
E N T R O P I E L A S H K N
I N D U S T R I E B D M Ţ X
```

BATERIE
CARBON
COMBUSTIBIL
CĂLDURĂ
MOTORINĂ
ENTROPIE
MEDIU
BENZINĂ
ELECTRIC
ELECTRON

HIDROGEN
INDUSTRIE
MOTOR
NUCLEAR
FOTON
POLUARE
REGENERABILE
SOARE
TURBINĂ
VÂNT

30 - Cuisine

```
B  C  U  P  E  J  F  D  I  U  Y  O  X  Z
E  F  U  R  C  I  R  U  G  N  I  L  C  U
Ț  G  Z  E  T  I  Ț  U  C  G  F  R  T  Y
I  R  A  D  F  U  E  O  C  L  Ș  O  R  Ț
Ș  Ă  H  I  U  C  N  N  P  E  Q  T  C  C
O  T  C  G  L  C  A  U  Y  Ț  F  P  O  O
A  A  V  I  C  F  C  S  E  E  E  U  N  N
R  R  H  R  I  L  R  R  T  V  N  C  D  G
E  Ț  V  F  O  Y  O  E  N  R  Ț  Y  I  E
B  I  O  A  R  B  B  Ț  E  E  O  F  M  L
B  U  R  E  T  E  U  E  M  Ș  E  N  E  A
C  E  A  I  N  I  C  T  I  T  Q  J  N  T
P  O  L  O  N  I  C  Ă  L  Y  K  D  T  O
Ț  I  Ț  D  H  J  G  Ț  A  G  P  A  E  R
```

BEȚIȘOARE	FURCI
CASTRON	GRĂTAR
CEAINIC	POLONIC
CONGELATOR	ALIMENTE
CUȚITE	BORCAN
ULCIOR	REȚETĂ
LINGURI	FRIGIDER
CONDIMENTE	ȘERVEȚEL
BURETE	ȘORȚ
CUPTOR	CUPE

31 - Corps Humain

```
N C O P U B J C Z B K N L G
V G W T N R B M Z N U E B E
K D Ă Ț A F E M Â N Ă Z K N
J J P O S D Q C P T K V E U
F A L C Ă E C M H C D H B N
Q F Y Z M G S T R E I E R C
W W F M Q E Z U W U U O F H
I N I M Ă T O C Z C S I P I
G Â T S Â N G E S A T H L E
U M Ă R F W Z P Z P O A V D
C G S Y V M R E D O M P Ț F
G R G U R Ă S E L B A Y S H
B Ă R B I E C J F G C E C I
A H T F M B P I E L E T S B
```

GURĂ	BUZE
CREIER	MÂNĂ
GLEZNĂ	FALCĂ
GÂT	BĂRBIE
COT	NAS
INIMĂ	URECHE
DEGET	PIELE
STOMAC	SÂNGE
UMĂR	CAP
GENUNCHI	FAȚĂ

32 - Épices

```
S G X O C A C E A P Ă S L Y
P A A R K C N M F J Q F E A
A C R N Ă R A O Ş C U N M R
P U I E R U R M I V C X N O
R R B F A R F A Ţ M P X D M
I R M E O D O D V V I X U Ă
K Y I N Ș N Ș R A M A H L X
A G H I I A V A T C Q C C Ţ
Y P G C Ţ I A C X D R Ţ E G
O R B U R R N B P I P E R G
C D A L O O I U S T U R O I
V Ţ L B C C L W F A G C Y V
A Y F U S H I C G A Ţ P E M
A N A S O N E Q P F E D B I
```

ACRU
USTUROI
AMAR
ANASON
SCORȚIȘOARĂ
CARDAMOM
CORIANDRU
CHIMION
CURRY
FENICUL

GHIMBIR
NUCŞOARĂ
CEAPĂ
PAPRIKA
PIPER
LEMN DULCE
ȘOFRAN
AROMĂ
SARE
VANILIE

33 - Science

```
P  F  P  O  L  A  B  O  R  A  T  O  R  S
E  A  W  J  G  R  A  V  I  T  A  Ț  I  E
B  C  R  O  M  D  E  Ș  T  I  I  N  Ț  Ă
Y  L  I  T  E  R  A  V  R  E  S  B  O  O
I  I  U  P  I  Ă  R  U  T  A  N  Q  O  I
Z  M  D  A  Ț  C  O  R  G  A  N  I  S  M
C  A  P  F  U  I  U  F  O  S  I  L  O  L
H  T  M  R  L  Z  E  L  U  C  E  L  O  M
I  L  F  S  O  I  W  J  E  V  S  B  H  S
M  R  X  H  V  F  A  G  N  D  Ț  G  M  P
I  A  T  N  E  M  I  R  E  P  X  E  J  E
C  D  A  T  E  O  E  C  Q  Q  E  F  O  G
U  Ț  I  P  O  T  E  Z  Ă  D  O  T  E  M
Q  Y  Z  E  L  A  R  E  N  I  M  W  W  S
```

ATOM	LABORATOR
CHIMIC	METODĂ
CLIMAT	MINERALE
DATE	MOLECULE
EXPERIMENT	NATURĂ
EVOLUȚIE	OBSERVARE
FAPT	ORGANISM
FOSIL	PARTICULE
GRAVITAȚIE	FIZICĂ
IPOTEZĂ	OM DE ȘTIINȚĂ

34 - Chats

```
A T I M I D B R W B R W H J
K F L S I Z T J E Ă D A O C
T N E D N E P E D N I E M Ţ
A T R C C M M N A L P O O C
M L I M T V H W H D A L R I
U N F I R U R I B F R X C T
Z Z E C N A O F O L L A B A
A N C B Ş Y T S S G A Y D B
N V E V U Ţ Ă O O O R N V L
T F R L Ă N N I M H R E Ă Ă
Q Z A H C S Â R N G P D V S
Y C O J U T V U G H E A R Ă
A N Ș K J M B C U P Z E X Z
P E R S O N A L I T A T E B
```

AFECTUOS
VÂNĂTOR
CURIOS
SOMN
AMUZANT
JUCĂUŞ
FIRE
NEBUN
BLANĂ
GHEARĂ

INDEPENDENT
LABA
PERSONALITATE
MIC
COADĂ
RAPID
SĂLBATIC
ȘOARECE
TIMID

35 - Vêtements

```
H L R I B F R B B B P E R C
P A E Ș G U O L R L A Ș Q H
N Ă I U P S C U C U N A K U
Ț D L N V T H Z Y G T R D H
A O O Ă A A I Ă V I O F G S
X M C M R E E L D N F Ă R A
W W R G B I X Ț R O Ș R K N
T P I B T R E V O L U P E D
L B G C T U K A M A J I P A
W I Z U U T C Y R T M K D L
H L W R W R R Q B N P S S E
C Ă M A Ș Ă E X Ț A F Y F H
B R Ă Ț A R Ă A O P F R T E
S A C O U J R Ț M W M O K A
```

BRĂȚARĂ   FUSTA
CUREA   HAINA
PĂLĂRIE   MODĂ
PANTOF   PANTALONI
CĂMAȘĂ   PULOVER
BLUZĂ   PIJAMA
COLIER   ROCHIE
EȘARFĂ   SANDALE
MĂNUȘI   ȘORȚ
BLUGI   SACOU

36 - Arts Visuels

```
C  Ă  F  S  P  X  I  Z  S  P  C  Ă  S  J
C  R  T  O  Ţ  E  X  V  H  A  Ă  V  C  O
O  U  E  P  T  S  I  T  R  A  R  I  U  O
M  T  R  I  I  O  P  F  Q  Y  B  T  L  W
P  C  T  T  O  C  G  Q  K  F  U  C  P  P
O  E  R  L  J  N  T  R  S  F  N  E  T  H
Z  T  O  K  Y  D  J  U  A  V  E  P  U  D
I  I  P  C  R  E  T  Ă  R  F  E  S  R  A
Ţ  H  Y  W  M  N  G  C  U  A  I  R  Ă  R
I  R  I  Z  Z  J  D  F  X  X  P  E  R  G
E  A  L  E  B  L  O  L  A  C  D  P  A  I
Ş  E  V  A  L  E  T  F  I  L  M  J  E  L
E  A  O  C  E  R  A  M  I  C  Ă  X  C  Ă
Q  C  R  E  A  T  I  V  I  T  A  T  E  R
```

ARHITECTURĂ	CREATIVITATE
ARGILĂ	FILM
ARTIST	PICTURA
CERAMICĂ	PERSPECTIVĂ
CĂRBUNE	FOTOGRAFIE
ŞEVALET	PORTRET
CEARĂ	SCULPTURĂ
COMPOZIŢIE	PIX
CRETĂ	LAC
CREION	

37 - Méditation

```
M  T  L  R  C  B  U  N  Ă  T  A  T  E  Z
E  Ă  V  U  B  L  G  Z  V  K  H  P  Y  I
N  C  A  B  Q  Z  A  E  R  T  B  Ţ  S  L
T  E  D  E  R  A  V  R  E  S  B  O  Ţ  X
A  R  B  C  Ţ  N  W  Y  I  I  Ţ  O  M  E
L  E  V  A  E  I  Ţ  N  E  T  A  J  L  M
C  O  M  P  A  S  I  U  N  E  A  T  A  I
P  E  R  S  P  E  C  T  I  V  Ă  T  C  Ş
A  C  C  E  P  T  A  R  E  L  C  X  E  C
N  A  T  U  R  Ă  B  R  I  P  I  M  U  A
R  E  S  P  I  R  A  Ţ  I  E  Z  M  F  R
R  D  E  W  Y  O  C  U  A  E  U  E  S  E
O  B  I  C  E  I  U  R  I  A  M  V  J  Q
S  O  G  R  Ţ  P  O  S  T  U  R  Ă  A  G
```

ACCEPTARE	MIŞCARE
ATENŢIE	MUZICĂ
CALM	NATURĂ
CLARITATE	OBSERVARE
COMPASIUNE	PACE
EMOŢII	PERSPECTIVĂ
TREAZ	POSTURĂ
BUNĂTATE	RESPIRAŢIE
OBICEIURI	TĂCERE
MENTAL	

38 - Littérature

```
Q  F  C  N  U  I  M  Q  M  Y  W  A  M  K
D  Ă  I  Ă  M  I  R  Y  Y  D  U  R  J  Q
R  T  R  Z  H  I  G  V  W  E  X  Y  Q  E
D  O  E  I  Z  U  L  C  N  O  C  C  H  J
I  D  M  L  I  T  S  J  T  Q  E  I  X  F
A  C  T  A  E  D  E  S  C  R  I  E  R  E
L  E  I  N  N  O  C  Ț  X  Z  F  A  C  M
O  N  R  A  C  O  M  P  A  R  A  Ț  I  E
G  A  W  A  U  T  O  R  T  X  R  X  T  O
N  A  R  A  T  O  R  Q  E  S  G  R  E  P
F  I  C  Ț  I  U  N  E  M  X  O  F  O  S
M  E  T  A  F  O  R  Ă  Ă  P  I  H  P  T
Q  A  N  A  L  O  G  I  E  A  B  C  I  C
C  Ț  T  R  A  G  E  D  I  E  F  O  P  X
```

ANALOGIE	METAFORĂ
ANALIZĂ	NARATOR
ANECDOTĂ	POEM
AUTOR	POETIC
BIOGRAFIE	RIMĂ
COMPARAȚIE	ROMAN
CONCLUZIE	RITM
DESCRIERE	STIL
DIALOG	TEMĂ
FICȚIUNE	TRAGEDIE

39 - Nourriture #1

```
D  R  P  C  E  S  T  G  X  Z  Z  Z  N  S
K  D  L  Ă  E  C  U  S  Y  J  K  L  W  A
Z  T  B  P  G  O  S  R  G  E  K  W  G  L
N  M  P  Ș  P  R  W  P  A  A  F  G  T  A
N  A  P  U  E  Ț  H  D  A  E  F  A  C  T
O  X  P  N  R  I  O  R  Z  N  Y  V  B  Ă
T  Q  O  Ă  A  Ș  Â  J  D  R  A  O  U  C
P  A  R  Ă  S  O  U  M  Z  A  A  C  S  E
Z  A  H  Ă  R  A  I  W  Ă  C  O  R  U  A
R  X  L  Q  Y  R  X  V  Ţ  L  Z  O  I  P
G  U  T  A  Ă  Ă  L  E  B  E  H  M  O  Ă
Ţ  O  S  E  P  P  N  G  S  D  X  B  C  D
O  I  O  R  U  T  S  U  L  P  T  P  F  L
M  T  Ţ  O  S  K  E  Q  Z  R  Ţ  X  N  R
```

USTUROI	NAP
BUSUIOC	CEAPĂ
CAFEA	ORZ
SCORȚIȘOARĂ	PARĂ
MORCOV	SALATĂ
LĂMÂIE	SARE
SPANAC	SUPĂ
CĂPȘUNĂ	ZAHĂR
SUC	TON
LAPTE	CARNE

40 - Jours et Mois

```
J  J  W  Ă  N  Â  M  Ă  T  P  Ă  S  U  D
I  U  N  I  E  Ţ  T  I  S  S  J  E  U  U
I  L  F  O  F  E  B  R  U  A  R  I  E  M
H  A  U  J  Ţ  I  B  E  G  S  D  N  I  I
S  F  N  N  Q  L  R  N  U  Â  O  Z  R  N
E  W  Q  U  Ă  U  I  I  A  M  A  M  B  I
P  T  J  L  A  I  V  V  W  B  P  I  M  C
T  G  L  Ţ  P  R  E  T  F  Ă  R  E  E  Ă
E  E  J  S  S  X  I  J  U  T  I  R  I  G
M  K  D  D  B  C  T  E  J  Ă  L  C  O  W
B  A  N  S  Q  D  R  L  J  O  I  U  N  Y
R  A  D  N  E  L  A  C  U  N  E  R  N  D
I  M  A  R  Ţ  I  M  G  O  N  Y  I  Y  Y
E  I  R  B  M  O  T  C  O  S  I  X  Q  M
```

AUGUST	MARŢI
APRILIE	MARTIE
CALENDAR	MIERCURI
DUMINICĂ	LUNĂ
FEBRUARIE	NOIEMBRIE
IANUARIE	OCTOMBRIE
JOI	SÂMBĂTĂ
IULIE	SĂPTĂMÂNĂ
IUNIE	SEPTEMBRIE
LUNI	VINERI

41 - Entreprise

```
I  P  T  I  Y  E  E  C  I  B  X  K  C  P
N  U  O  R  I  B  Y  C  A  D  A  D  V  R
V  F  V  U  A  Ţ  E  O  B  R  V  N  E  O
E  A  Â  T  Z  N  W  S  Q  Z  I  G  I  F
S  B  N  I  E  I  Z  T  U  A  I  E  I  I
T  R  Z  N  U  Z  P  A  B  D  K  U  R  T
I  I  A  E  X  A  T  J  C  U  K  Q  Ă  Ă
Ţ  C  R  V  F  G  R  A  I  Ţ  B  S  H  F
I  Ă  E  B  Y  A  G  G  O  U  I  G  Ă  I
I  Ţ  L  U  V  M  T  N  I  I  G  E  F  N
Q  B  H  G  A  N  G  A  J  A  T  O  R  A
V  A  B  E  I  N  A  P  M  O  C  D  A  N
X  E  Ă  T  U  L  A  V  W  O  X  D  M  Ţ
P  Z  Z  S  N  E  C  O  N  O  M  I  E  A
```

BANI	ECONOMIE
MAGAZIN	FINANŢA
BUGET	TAXE
BIROU	INVESTIŢII
CARIERĂ	MARFĂ
COST	PROFIT
VALUTĂ	VENITURI
ANGAJATOR	TRANZACŢIE
ANGAJAT	FABRICĂ
COMPANIE	VÂNZARE

42 - Activités

```
I  A  R  U  T  C  I  P  E  N  C  V  Z  Î
N  R  H  K  E  U  I  B  A  R  Y  A  D  N
T  T  I  V  C  R  Ț  C  U  S  U  T  I  D
E  Ă  R  U  T  C  E  L  O  H  T  T  C  E
R  C  U  F  H  V  M  C  M  A  G  I  E  M
E  I  G  S  C  Ț  U  H  Ă  W  N  R  R  Â
S  M  U  P  G  R  R  M  Y  L  I  Ă  A  N
E  A  Ș  F  K  N  D  T  P  R  P  N  O  A
F  R  E  J  O  C  U  R  I  E  M  I  T  R
Y  E  T  I  U  C  S  E  P  M  A  D  Ă  E
Y  C  Ș  T  Ț  Q  O  W  G  M  C  Ă  N  C
Ț  G  E  R  E  L  A  X  A  R  E  R  Â  S
J  Ț  M  B  B  K  T  U  G  F  A  G  V  L
T  I  M  P  L  I  B  E  R  V  H  M  X  C
```

ARTĂ	JOCURI
MEŞTEŞUGURI	LECTURĂ
CAMPING	TIMP LIBER
CERAMICĂ	MAGIE
VÂNĂTOARE	PICTURA
ÎNDEMÂNARE	PESCUIT
CUSUT	PLĂCERE
INTERESE	DRUMEȚII
GRĂDINĂRIT	RELAXARE

43 - Mode

```
U  L  P  M  I  S  N  A  W  K  J  Y  B  A
C  F  E  I  R  E  D  O  R  B  W  U  U  C
B  Q  Ă  N  P  R  A  C  T  I  C  N  T  C
U  K  R  I  S  T  I  L  E  D  O  M  O  E
X  Z  U  M  O  R  I  G  I  N  A  L  A  S
A  J  T  A  C  I  T  S  I  F  O  S  N  I
Ă  H  Ă  L  Ă  L  E  T  N  A  D  C  E  B
Ţ  C  S  I  B  U  T  I  C  R  E  O  Q  I
N  D  E  S  B  S  U  M  O  D  E  S  T  L
I  X  Ţ  T  E  L  S  C  U  M  P  D  M  C
D  Q  N  Q  T  E  X  T  U  R  Ă  E  O  Ţ
N  Î  M  B  R  Ă  C  Ă  M  I  N  T  E  M
E  L  E  G  A  N  T  F  F  P  J  K  K  S
T  J  O  P  Q  Z  O  W  Q  N  P  H  U  Q
```

ACCESIBIL	MODEL
BUTIC	ORIGINAL
BUTOANE	PRACTIC
BRODERIE	SIMPLU
SCUMP	SOFISTICAT
DANTELĂ	STIL
ELEGANT	TENDINȚĂ
MINIMALIST	TEXTURĂ
MODERN	ȚESĂTURĂ
MODEST	ÎMBRĂCĂMINTE

44 - Nourriture #2

```
Ș  U  N  C  Ă  V  B  C  A  Ț  K  V  Ț  Ț
S  Q  N  U  Y  F  A  I  U  P  M  M  Ț  G
X  Y  C  T  Z  T  N  U  Q  O  B  C  Ă  F
E  Ț  Z  Z  L  S  A  P  Y  S  K  G  L  R
P  Ț  J  I  B  Q  N  E  N  I  Â  P  A  C
Ț  E  L  I  N  Ă  Ă  R  P  W  Y  H  D  I
Q  A  E  I  W  S  G  C  Y  I  Z  W  G  O
T  T  E  Ț  D  B  W  Ă  X  K  M  F  I  C
G  R  Â  U  B  R  O  C  C  O  L  I  M  O
V  Â  N  Ă  T  Ă  Q  G  A  E  N  O  J  L
C  I  R  E  A  Ș  Ă  T  N  K  N  R  K  A
P  E  Ș  T  E  I  Ș  O  R  A  D  E  H  T
H  I  Y  T  F  A  Z  X  E  P  M  Z  B  Ă
T  S  S  T  R  U  G  U  R  I  Y  P  C  A
```

MIGDALĂ	KIWI
VÂNĂTĂ	MANGO
BANANĂ	OU
GRÂU	PÂINE
BROCCOLI	PEȘTE
CIREAȘĂ	MĂR
ȚELINĂ	PUI
CIUPERCĂ	STRUGURI
CIOCOLATĂ	OREZ
ȘUNCĂ	ROȘIE

45 - Algèbre

```
G U P F A C T O R R M I O U
R E R E D Ă C S B L Ţ V B N
A F O I N F I N I T V J F S
F K B K T N E N O P X E R N
I X L M D E C I R T A M A U
C I E E Ă L U M R O F A C M
H Ă M A R G A I D C Q J Ţ Ă
W Y Ă C E I Ţ U L O S F I R
V M A C I F I L P M I S U J
Z E R O L M E A I Q N M N E
P V A R I A B I L T X W E D
L I N I A R Q L P L V E A N
F A L S C A N T I T A T E E
P A R A N T E Z Ă E N J D I
```

DIAGRAMĂ	MATRICE
EXPONENT	NUMĂR
ECUAŢIE	PARANTEZĂ
FACTOR	PROBLEMĂ
FALS	CANTITATE
FORMULĂ	SIMPLIFICA
FRACŢIUNE	SOLUŢIE
GRAFIC	SCĂDERE
INFINIT	VARIABIL
LINIAR	ZERO

46 - Océan

```
K U O U R J P A L G E N R C
L N J E E I D I R Ţ S Ţ A A
R B S Ă C R A B U R E T E R
Q G H I H C C Z D W T Z R A
M L N T I B R A N A Ş H E C
K A I Ă N O T A N L E M C A
U R R N L H C E B G P D I T
T O U E R A S C V C H N F I
P C L L E M E D U Z E I N Ţ
V U A A A D D M Ţ T Ţ F L Ă
Z T V B D Y W M X N N L Z Ă
N P X Q C Z Ţ Ă T E V E R C
F U R T U N Ă I N C W D O R
Z R I B L Ţ J J C S R Z S G
```

ALGE	MAREE
ANGHILĂ	MEDUZE
BALENĂ	PEŞTE
BARCĂ	CARACATIŢĂ
CORAL	RECHIN
CRAB	RECIF
CREVETĂ	SARE
DELFIN	FURTUNĂ
BURETE	TON
STRIDIE	VALURI

47 - Antiquités

```
D V A L O A R E D Ț E J F D
A E T A T I L A C E T J Q E
M U C B I J U T E R I I G C
S O T O X R Q C R P K X N E
E R N E R E I L I B O M I N
C S O E N A G A L E R I E I
O T B P D T T N A G E L E I
L I B Z I E I I G Ț W Ț C H
E L A Ț M L T C V Y A J O C
N E O B I Ș N U I T W Y O E
S C U L P T U R Ă T R A A V
R E S T A U R A R E B Y Y Z
L I C I T A Ț I E H L O S U
I N V E S T I Ț I I B E T Y
```

ARTĂ	MOBILIER
AUTENTIC	MONEDE
BIJUTERII	PREȚ
DECENII	CALITATE
DECORATIV	RESTAURARE
LICITAȚIE	SCULPTURĂ
ELEGANT	SECOL
GALERIE	STIL
NEOBIȘNUIT	VALOARE
INVESTIȚII	VECHI

48 - Ballet

```
B A L E R I N Ă S I J W C Î
L D Z G R V Ă U V N L C O N
D N K E Y I R E M T I R M D
A A R T I S T I C E H T P E
N G W Y T E S F R N C E O M
S B E Ţ Y R E A E Ş H Z Â
A U Z S B P H R P I U N I N
T G U N T X C G E T M I T A
O D A V W E R E T A A C O R
R T L S O L O R I T Y Ă R E
I P P B W X F O Ţ E S T I L
S K A N L U Ă C I Z U M V K
G R A Ţ I O S S E K Ţ T U P
T J R Q P U B L I C U B T G
```

APLAUZE	INTENSITATE
ARTISTIC	MUŞCHI
BALERINĂ	MUZICĂ
COREGRAFIE	ORCHESTRĂ
ÎNDEMÂNARE	PUBLIC
COMPOZITOR	REPETIŢIE
DANSATORI	RITM
EXPRESIV	SOLO
GEST	STIL
GRAŢIOS	TEHNICĂ

49 - Fruit

```
N  M  Q  B  O  P  Q  G  P  A  B  Y  Ț  P
M  P  Ă  Z  L  I  K  U  A  N  G  I  P  A
Z  J  M  R  U  E  L  A  R  A  A  N  W  P
M  X  K  M  Q  R  W  V  Ă  N  F  U  C  A
P  A  E  F  N  S  W  A  J  A  B  R  Ț  Y
O  V  N  B  Z  I  W  I  K  S  K  R  U  A
R  X  E  G  Ă  C  A  B  Ț  Q  U  T  T  Ț
T  P  P  I  O  Ă  N  I  R  A  T  C  E  N
O  T  E  F  D  P  B  L  B  A  N  A  N  Ă
C  B  P  Y  A  R  Ț  Ț  Ă  R  U  E  M  Z
A  A  V  O  C  A  D  O  S  M  O  Ț  B  Q
L  O  G  L  B  N  B  T  I  H  Â  K  T  K
I  O  W  A  N  J  Ă  Ș  A  E  R  I  C  K
U  O  O  H  O  Ț  Z  K  C  W  O  Y  E  X
```

CAISĂ	KIWI
ANANAS	MANGO
AVOCADO	PEPENE
BACĂ	NECTARINĂ
BANANĂ	PORTOCALIU
CIREAȘĂ	PAPAYA
LĂMÂIE	PIERSICĂ
FIG	PARĂ
ZMEURĂ	MĂR
GUAVA	

50 - Musique

```
Î  B  S  P  F  S  G  C  B  R  M  H  R  E
C  N  O  F  O  R  C  I  M  I  U  E  U  B
G  U  R  C  J  B  A  M  M  T  Z  I  R  Y
N  N  Q  E  T  Ţ  U  T  N  M  I  F  P  F
N  C  A  Ţ  G  J  G  I  Z  M  C  N  V  N
P  C  B  E  E  I  S  R  F  M  I  B  R  L
L  I  R  I  C  M  S  V  U  U  A  S  T  C
C  N  M  N  I  E  U  T  G  B  N  E  U  Â
Â  O  U  O  S  L  O  Q  R  L  W  K  G  N
N  M  Z  M  A  O  K  Ă  D  A  L  A  B  T
T  R  I  R  L  D  X  R  G  P  R  R  V  Ă
A  A  C  A  C  I  T  E  O  P  W  E  P  R
N  W  A  H  E  E  J  P  V  O  C  A  L  E
C  B  L  X  O  E  X  O  P  M  E  T  Q  Ţ
```

ALBUM	MICROFON
BALADĂ	MUZICAL
CÂNTA	MUZICIAN
CÂNTĂREŢ	OPERĂ
CLASIC	POETIC
ÎNREGISTRARE	RITM
ARMONIE	RITMIC
ARMONIC	TEMPO
LIRIC	VOCAL
MELODIE	

51 - Météo

```
Q  R  E  B  I  J  B  U  R  A  G  A  N  T
Q  T  L  H  R  Y  C  R  U  S  C  A  T  E
P  L  A  G  W  K  U  A  I  A  V  V  W  M
W  L  C  M  X  F  R  L  C  Z  N  Â  V  P
C  L  I  M  A  T  C  O  E  L  Ă  N  G  E
A  X  P  K  N  R  U  P  A  A  B  T  H  R
T  M  O  V  H  Z  B  W  Ț  T  Z  A  E  A
M  L  R  J  H  T  E  B  Ă  O  Ț  P  A  T
O  A  T  U  H  Q  U  B  L  R  Q  D  Ț  U
S  M  C  E  R  Ț  V  T  E  N  U  T  Ă  R
F  L  U  S  E  C  E  T  Ă  A  F  G  Q  A
E  A  Q  S  E  E  S  W  Y  D  N  B  G  V
R  C  E  E  O  C  D  W  Ă  Ă  T  O  U  B
Ă  A  U  K  Ă  N  U  T  R  U  F  O  R  N
```

CURCUBEU	URAGAN
ATMOSFERĂ	POLAR
BRIZĂ	USCAT
CEAȚĂ	SECETĂ
CALM	TEMPERATURA
CER	FURTUNĂ
CLIMAT	TUNET
GHEAȚĂ	TORNADĂ
MUSON	TROPICALE
NOR	VÂNT

52 - L'Entreprise

```
P R E Z E N T A R E I A S O
I N V E S T I Ț I I N F V A
X V E N I T U R I T D A B V
P C R E A T I V W P U C C L
R R T E N D I N Ț E S E A S
R I O H S U D O R P T R L I
T E S F P V D J D R R I I N
P A S C E G D G Z O I D T O
A C O U U S T J O G E E A V
K G C A R R I U C R U C T A
F N H Q V S I O Y E L I E T
G L O B A L E E N S F Z C O
A N G A J A R E L A A I C R
R E P U T A T I E U L E U Y
```

AFACERI
CREATIV
DECIZIE
ANGAJARE
GLOBAL
INDUSTRIE
INOVATOR
INVESTIȚII
PREZENTARE

PRODUS
PROFESIONAL
PROGRES
CALITATE
RESURSE
VENITURI
REPUTATIE
RISCURI
TENDINȚE

53 - Gouvernement

```
I  D  C  O  N  I  J  Q  J  D  M  E  F  L
S  N  I  C  C  I  D  Q  U  R  O  G  V  I
T  P  D  S  S  V  G  N  R  E  N  A  Ţ  B
A  O  G  E  Ţ  W  F  I  P  U  L  N  E
T  M  I  G  P  U  G  R  D  T  M  I  A  R
F  H  T  E  E  E  Ţ  X  I  U  E  T  Ţ  T
P  A  A  L  A  N  N  I  C  R  N  A  I  A
T  O  B  Z  P  L  K  D  E  I  T  T  U  T
W  T  L  I  V  I  C  C  E  C  C  E  N  E
L  E  R  I  B  R  O  V  K  N  Z  Z  E  Z
P  E  T  A  T  P  E  R  D  D  Ţ  E  L  B
E  I  Ţ  U  T  I  T  S  N  O  C  Ă  Ţ  R
L  E  I  Ţ  A  R  C  O  M  E  D  N  R  P
A  M  E  V  P  D  Ţ  Ă  C  I  N  Ș  A  P
```

CIVIL	JURIDIC
CONSTITUȚIE	DREPTATE
DEMOCRAȚIE	LIBERTATE
VORBIRE	LEGE
DISCUȚIE	MONUMENT
DREPTURI	NAȚIUNE
EGALITATE	PAȘNICĂ
STAT	POLITICĂ
INDEPENDENȚĂ	

54 - Randonnée

```
S L Y V Ț H F S Q Ț M Ț C A
K C S U M M I T T O P Z I N
O R I E N T A R E Â T T Z I
V F R T I S O B O U N N M M
R A U U A Z L O A G T C E A
E D D J H B C K E S B G Ă L
M O I Z P J L R N O Y Ț Y E
E H H A P Ă I Ă G A L K Q L
H J G S I H M R S R T K M O
H A R T Ă Ț A U U E R G D L
D G D Q Z Q T T Q V T R Y I
P A R C U R I A C W E N J Ț
C A M P I N G N Y M R U U I
P I E T R E Ț X M U C Ț M M
```

ANIMALE   VREME
CIZME   MUNTE
CAMPING   NATURĂ
HARTĂ   ORIENTARE
CLIMAT   PARCURI
APĂ   PIETRE
STÂNCĂ   SĂLBATIC
OBOSIT   SOARE
GHIDURI   SUMMIT
GREU

55 - Nutrition

```
A S O S M A G C G Q A I C P
Q P Z R Q R R A L Q S E O R
R D E W Ă O E L U P O I M O
L V T T N M U O C W H Ţ E T
G I N A I Ă T R I L X A S E
Ţ L E R X T A I D B M T T I
S V M B O B T I E Q S N I N
Ă P I I T Ţ E V U Ţ Z E B E
N Q D L L I C H I D E M I Ţ
Ă D N I S Ă N Ă T O S R L N
T E O H C A L I T A T E U W
A M C C A M A R T E K F Ţ Q
T O R E Ă N I M A T I V G L
E I T S E G I D Z N L D E I
```

AMAR	LICHIDE
APETIT	GREUTATE
CALORII	PROTEINE
COMESTIBIL	CALITATE
DIETĂ	SĂNĂTOS
DIGESTIE	SĂNĂTATE
CONDIMENTE	SOS
ECHILIBRAT	AROMĂ
FERMENTAŢIE	TOXINĂ
GLUCIDE	VITAMINĂ

56 - Créativité

```
E F V I Z I U N I E D I I A
F L C L A R I T A T E M M U
A U I M A G I N E Ț Q P A T
E I S E R P X E I W G R G E
B D V A L R R R Ț A U E I N
C I T A M A R D I P N S N T
E T J C A Q F W U N O I A I
M A I I N V E N T I V E Ț C
O T B T K A V H N B G D I I
Ț E C S P R T P I P N D E T
I P E I Ț A Z N E S F M N A
I G H T Y R R M O Ț L J B T
I S Z R F N Y G U P D R G E
E I Ț A R I P S N I S M K G
```

ARTISTIC
AUTENTICITATE
CLARITATE
DRAMATIC
EXPRESIE
EMOȚII
FLUIDITATE
IDEI
IMAGINE

IMAGINAȚIE
IMPRESIE
INSPIRAȚIE
INTUIȚIE
INVENTIV
SENZAȚIE
SPONTAN
VIZIUNI

57 - Science Fiction

```
Ă  T  E  N  A  L  P  Z  N  C  E  D  I  E
A  T  O  M  I  C  U  Y  E  Ă  X  Ţ  L  X
S  S  X  N  Ţ  Ţ  K  M  A  R  P  I  E  T
F  I  T  Z  O  B  L  F  E  Ţ  L  G  X  R
O  L  R  I  B  O  D  S  I  I  O  T  P  E
C  A  F  J  O  E  B  B  X  L  Z  E  C  M
E  E  I  A  R  W  H  P  A  O  I  H  I  H
E  R  T  M  N  L  I  P  L  R  E  N  N  U
X  V  T  F  A  T  G  H  A  A  I  O  E  T
F  I  D  G  R  G  A  G  G  C  Z  L  M  O
J  T  A  M  Z  R  I  S  G  O  U  O  A  P
Q  O  F  M  P  H  I  N  T  L  L  G  U  I
S  C  E  N  A  R  I  U  A  I  I  I  Y  E
K  F  U  T  U  R  I  S  T  R  C  E  U  S
```

ATOMIC	CĂRŢI
CINEMA	LUME
EXPLOZIE	ORACOL
EXTREM	PLANETĂ
FANTASTIC	REALIST
FOC	ROBOŢI
FUTURIST	SCENARIU
GALAXIE	TEHNOLOGIE
ILUZIE	UTOPIE
IMAGINAR	

58 - Vertus #1

```
I  P  C  G  K  P  Z  A  B  D  F  A  T  T
M  A  U  E  D  R  Ţ  M  H  U  V  R  N  Y
A  C  R  N  Ţ  A  M  U  W  R  P  T  E  Z
G  I  A  E  D  C  B  Z  L  O  A  I  G  M
I  E  T  R  R  T  G  A  N  T  W  S  I  O
N  N  A  O  T  I  S  N  F  Ă  C  T  L  D
A  T  R  S  N  C  I  T  L  Z  W  I  E  E
T  Î  N  Ţ  E  L  E  P  T  E  S  C  T  S
I  P  A  S  I  O  N  A  T  R  O  K  N  T
V  O  M  P  C  U  B  D  E  C  I  S  I  V
Z  F  F  N  I  T  Z  A  X  N  R  V  T  K
F  W  Z  K  F  I  B  P  U  Î  U  J  R  G
D  F  L  H  E  L  Y  U  P  J  C  B  Ţ  Q
D  E  Î  N  C  R  E  D  E  R  E  B  X  A
```

ARTISTIC	IMAGINATIV
BUN	INTELIGENT
ÎNCREZĂTOR	MODEST
CURIOS	PASIONAT
DECISIV	PACIENT
AMUZANT	PRACTIC
EFICIENT	CURAT
DE ÎNCREDERE	ÎNȚELEPT
GENEROS	UTIL

59 - Professions #1

```
P  B  A  L  U  H  V  P  R  K  Ţ  U  U  W
I  A  N  F  J  R  Â  E  O  D  O  Y  G  Ţ
A  N  T  J  T  O  N  Ţ  T  M  A  Ţ  L  O
N  C  R  F  T  D  Ă  S  I  X  P  A  T  T
I  H  E  R  O  A  T  U  D  N  B  I  D  R
S  E  N  F  L  S  O  G  E  B  N  U  E  W
T  R  O  G  F  A  R  G  O  T  R  A  C  R
T  L  R  O  I  B  R  J  A  Ţ  S  H  A  O
A  E  P  L  W  M  O  N  O  R  T  S  A  T
C  Y  R  O  T  A  L  A  T  S  N  I  T  C
O  M  D  E  Ș  T  I  I  N  Ț  Ă  Y  G  O
V  F  U  G  K  O  R  O  T  A  S  N  A  D
A  V  L  A  M  E  A  R  T  I  S  T  Ţ  D
B  I  J  U  T  I  E  R  Y  S  J  G  J  V
```

AMBASADOR	ANTRENOR
ARTIST	EDITOR
ASTRONOM	GEOLOG
AVOCAT	DOCTOR
BANCHER	PIANIST
BIJUTIER	INSTALATOR
CARTOGRAF	POMPIER
VÂNĂTOR	OM DE ȘTIINȚĂ
DANSATOR	

60 - Géologie

```
M  H  Z  Ţ  P  I  P  D  P  A  P  Q  S  G
V  I  S  Q  S  N  H  N  U  I  C  L  A  C
U  T  N  E  N  I  T  N  O  C  A  Y  R  W
L  T  C  E  N  U  I  Z  O  R  E  T  E  T
C  O  R  L  R  E  Z  I  E  H  G  P  R  X
A  P  I  Ă  V  A  L  S  J  O  C  T  X  Ă
N  I  S  G  Y  G  L  D  J  S  O  I  U  N
L  T  T  Z  U  G  U  E  I  W  R  T  Q  R
Z  Ţ  A  E  O  Z  S  E  S  I  A  C  T  E
W  Y  L  J  T  Z  O  N  Ă  T  L  A  N  V
V  A  E  J  A  C  I  D  Q  R  R  L  Z  A
F  O  S  I  L  C  U  A  R  Ţ  J  A  J  C
I  E  Q  S  P  H  W  S  K  O  D  T  T  K
Z  W  I  K  U  O  X  C  R  L  M  S  Ţ  S
```

ACID	GHEIZER
CALCIU	LAVĂ
CAVERNĂ	MINERALE
CONTINENT	PIATRĂ
CORAL	PLATOU
STRAT	CUARŢ
CRISTALE	SARE
EROZIUNE	STALACTIT
TOPIT	VULCAN
FOSIL	ZONĂ

61 - Cirque

```
B  F  L  O  G  M  U  T  S  O  C  L  E  U
O  A  R  O  T  A  T  C  E  P  S  B  I  I
M  Q  M  U  R  G  E  T  F  M  T  T  G  F
B  M  Ă  T  A  I  L  I  Ă  D  A  R  A  P
O  M  Ţ  W  R  C  E  G  V  U  B  O  M  W
A  O  U  N  T  I  F  R  G  V  O  C  L  G
N  M  M  Z  S  A  A  U  E  O  R  B  J  X
E  E  I  R  I  N  N  A  R  Q  C  S  J  Y
H  N  A  X  D  C  T  N  Ţ  V  A  F  J  U
H  A  M  R  Q  L  Ă  I  V  J  W  L  X  G
J  O  N  G  L  E  R  M  A  O  R  M  U  X
B  L  R  K  R  O  Ţ  A  B  P  L  Ţ  X  X
J  A  I  G  B  T  R  L  B  Y  Z  C  H  W
N  B  O  A  F  Q  T  E  L  I  B  A  C  R
```

ACROBAT	LEU
ANIMALE	MAGICIAN
BALOANE	MAGIE
BILET	MUZICĂ
BOMBOANE	PARADĂ
CLOVN	MAIMUŢĂ
COSTUM	SPECTATOR
DISTRA	CORT
ELEFANT	TIGRU
JONGLER	

62 - Jardin

Ţ	G	Ă	N	I	L	U	B	M	A	R	T	C	Y
Z	F	L	Ă	P	R	S	O	L	M	Z	J	P	C
E	R	B	B	B	B	B	B	Y	I	R	E	O	M
G	U	E	R	A	O	L	F	A	S	M	W	B	T
G	A	R	A	J	N	R	I	J	N	O	Z	A	G
B	G	G	I	R	I	Q	D	D	P	C	S	V	C
G	U	R	A	A	K	F	E	F	T	A	Ă	E	O
A	L	R	Ă	F	U	R	T	U	N	M	S	R	P
R	I	S	U	D	X	J	H	K	Y	A	A	A	A
D	V	B	H	I	I	Y	S	P	V	H	R	N	C
A	A	R	L	L	E	N	I	A	Z	M	E	D	Ţ
Q	D	B	A	S	F	N	Ă	E	G	Ţ	T	Ă	K
E	Ă	J	N	F	M	Ș	I	F	U	T	Y	V	S
K	O	S	D	P	K	L	L	O	P	A	T	Ă	N

COPAC	BURUIENI
BANCĂ	LOPATĂ
TUFIȘ	GAZON
GARD	VERANDĂ
IAZ	GREBLĂ
FLOARE	SOL
GARAJ	TERASĂ
HAMAC	TRAMBULINĂ
IARBĂ	FURTUN
GRĂDINĂ	LIVADĂ

63 - Santé et Bien Être #1

```
R O T C O D M Y Î C P V T L
M E S A O H X Z N L I Z R X
P E L G T X E V Ă I E H A H
T O D A Q L O I L N L O T C
A J S I X E Y R Ţ I E R A H
Ţ V I T C A R U I C P M M L
G N U V U I R S M A F O E S
F G K F Y R N E E Q A N N V
R E F L E X Ă Ă Z J E I T U
Y H O G M F R A C T U R Ă V
F O A M E I P A R E T C V Z
O B I C E I B A C T E R I I
A W R X U M U Ș C H I D I G
D Q Q C F I F A R M A C I E
```

ACTIV
BACTERII
CLINICA
FOAME
FRACTURĂ
OBICEI
ÎNĂLŢIME
HORMONI
DOCTOR
MEDICINĂ

MUȘCHI
OASE
PIELE
FARMACIE
POSTURĂ
RELAXARE
REFLEX
TERAPIE
TRATAMENT
VIRUS

64 - Barbecues

```
L  J  A  Z  W  Q  J  U  S  K  P  V  M  E
N  E  T  N  I  B  R  E  I  F  U  X  H  O
S  T  G  O  N  W  E  M  R  I  I  O  O  M
A  A  E  U  O  O  P  F  U  C  P  H  N  O
R  L  T  I  M  R  I  O  C  Z  E  O  W  K
E  A  X  D  K  E  P  A  O  J  I  O  C  T
G  S  C  I  N  A  V  M  J  L  L  C  Y  X
C  O  P  R  Â  N  Z  E  S  P  I  Ţ  Ă  P
E  S  G  R  O  S  I  I  F  U  M  F  Y  C
A  Ţ  R  F  R  U  C  T  N  Y  A  I  R  Ţ
P  Z  Ă  V  A  R  Ă  T  K  Y  F  C  Y  E
Ă  U  T  C  U  Ţ  I  T  E  W  G  B  A  X
Ţ  M  A  R  L  R  H  C  X  Q  C  K  B  U
O  Q  R  C  U  L  X  V  F  G  M  M  H  X
```

FIERBINTE	JOCURI
CUŢITE	LEGUME
PRÂNZ	MUZICĂ
CINA	CEAPĂ
COPII	PIPER
VARĂ	PUI
FOAME	SALATE
FAMILIE	SOS
FRUCT	SARE
GRĂTAR	ROSII

65 - Animaux de Compagnie

```
K E N H V Ă C I S I P T T B
Ş O U N E P I E N H A W X I
U O N H L A O Q M A P H Ţ F
L U A I E P U R E M A W P E
E Ă L R Â P O Ş B S G Y I P
Ţ C U E E N I Â C T A I S S
Ă A E L D C P G V E L E O Ţ
C V T U R Ţ E B H R W R I A
K P N G R A N I R E T E V Q
Y X E Z V P B N M T A W P R
F B M Ş R X D K Z T L R H J
S W I T T Q M Ă R P A C E Z
N M L U Ţ E H S V U B Q F A
C O A D Ă X L E S Ă E H P G
```

PISICĂ	IEPURE
PISOI	ŞOPÂRLĂ
CAPRĂ	ALIMENTE
CÂINE	LABE
CĂŢELUŞ	PAPAGAL
GULER	PEŞTE
APĂ	COADĂ
GHEARE	ŞOARECE
HAMSTER	VACĂ
LESĂ	VETERINAR

66 - Forêt Tropicale

```
M V G R W V E B L H Ţ O A J
X U A J E R E F I M A M M C
Q I Ş L F S U V C Z Ţ L F O
R G C C O A T A M I L C I M
E U G U H R M A H F X F B U
S F H T Q I O H U I P D I N
P E U W U R Ţ S E R W Y E I
E R B V O Ă N O R I A R N T
C W L I M S S K Q H G R I A
T L X Q Ţ Ă R U T A N K E T
A E I C E P S J U N G L Ă E
I N D I G E N E T C E S N I
C O N S E R V A R E E X U Y
X Y R Q Z B O T A N I C T P
```

AMFIBIENI	MUŞCHI
BOTANIC	NATURĂ
CLIMAT	NORI
COMUNITATE	PĂSĂRI
SPECIE	VALOROS
INDIGENE	CONSERVARE
INSECTE	REFUGIU
JUNGLĂ	RESPECT
MAMIFERE	RESTAURARE

67 - Ferme #1

```
Î  S  L  H  P  N  S  G  A  R  D  A  Y  Q
R  N  I  Z  U  I  U  X  T  B  X  T  A  P
S  O  G  E  I  D  E  O  L  K  E  N  M  I
V  Z  E  R  O  Q  C  N  Q  F  R  K  Ă  S
B  I  O  E  Ă  R  P  A  C  F  W  P  G  I
Ţ  B  D  I  P  Ş  P  R  D  H  Â  Ă  A  C
Y  O  Ă  M  A  H  Ă  P  X  B  Ţ  N  R  Ă
H  V  R  M  R  P  C  M  C  E  R  I  P  Z
B  A  A  N  Y  X  A  Â  Â  U  C  B  Ţ  D
T  X  O  Y  I  A  V  C  E  N  H  L  I  Y
C  Â  I  N  E  T  B  S  R  P  T  A  E  J
C  X  C  A  G  R  I  C  U  L  T  U  R  Ă
D  A  W  L  L  G  L  W  V  Y  M  T  L  A
R  J  L  E  Ţ  I  V  T  U  R  M  Ă  Q  N
```

ALBINĂ	CIOARĂ
AGRICULTURĂ	APĂ
MĂGAR	ÎNGRĂŞĂMÂNT
BIZON	FÂN
CÂMP	MIERE
PISICĂ	PUI
CAL	OREZ
CAPRĂ	TURMĂ
CÂINE	VACĂ
GARD	VIŢEL

68 - Antarctique

```
T  C  E  S  O  C  N  Â  T  S  T  M  X  C
P  D  B  Y  D  E  I  Ț  A  R  G  I  M  C
B  R  A  Z  E  R  P  C  X  Y  Q  C  G  F
A  Ă  L  L  R  C  R  Ă  P  A  F  L  E  Ș
G  Ț  E  M  A  E  L  U  S  N  I  U  O  T
P  A  N  E  V  T  R  I  Y  Ă  C  J  G  I
G  E  E  I  R  Ă  N  D  S  Z  R  E  R  I
H  H  N  Ț  E  T  X  E  H  T  X  I  A  N
E  G  U  I  S  O  P  M  N  R  C  J  F  Ț
Ț  G  L  D  N  R  A  P  O  I  P  C  I  I
A  K  J  E  O  S  Ț  C  U  Y  T  U  E  F
R  L  R  P  C  Y  U  Y  T  W  R  N  J  I
I  I  B  X  S  N  F  L  O  G  Q  X  O  C
M  I  N  E  R  A  L  E  Ă  E  L  R  B  C
```

GOLF	GHEAȚĂ
BALENE	GHEȚARI
CERCETĂTOR	INSULE
CONSERVARE	MIGRAȚIE
CONTINENT	MINERALE
APĂ	PĂSĂRI
MEDIU	PENINSULĂ
EXPEDIȚIE	STÂNCOS
GEOGRAFIE	ȘTIINȚIFIC

69 - Professions #2

```
F  C  K  X  F  L  I  N  G  V  I  S  T  Y
I  O  Y  Q  R  O  T  A  R  T  S  U  L  I
L  N  R  O  T  A  T  N  E  V  N  I  Z  G
O  P  I  L  O  T  G  O  L  O  I  B  O  R
Z  B  I  Z  P  C  T  D  G  M  K  X  O  Ă
O  E  D  E  A  N  X  U  E  R  N  A  L  D
F  P  R  O  F  E  S  O  R  N  A  O  O  I
C  E  R  C  E  T  Ă  T  O  R  T  F  G  N
I  U  E  A  B  Z  C  Ţ  R  O  B  I  W  A
D  X  N  T  U  A  N  O  R  T  S  A  S  R
E  V  I  T  C  E  T  E  D  C  E  E  O  T
M  D  G  R  U  R  I  H  C  I  P  W  U  A
R  S  N  Y  M  X  B  A  M  P  Y  A  Z  I
G  S  I  B  I  B  L  I  O  T  E  C  A  R
```

ASTRONAUT	INVENTATOR
BIBLIOTECAR	GRĂDINAR
BIOLOG	LINGVIST
CERCETĂTOR	MEDIC
CHIRURG	PICTOR
DENTIST	FILOZOF
DETECTIV	FOTOGRAF
PROFESOR	PILOT
ILUSTRATOR	ZOOLOG
INGINER	

70 - Les Abeilles

```
K U P F O M R O B J W T H Q
W T L G R N U F W E O C A E
W W A R O U B Y W T M W B R
R U N Ă T Y C Ă R A E C I E
O U T D A R I T F T T Z T G
I S E I Z C F C U I S R A I
P Y O N I Q E E M S I B T N
I U Q Ă N I N S X R S G M Ă
R X T Q E X E N A E O Ţ V F
A K R S L A B I E V C F U K
X Z I R O L F M R I E U I H
I L R D P K Z D A D Y Z G B
Q D B X Ţ K M P O L E N Q J
A L I M E N T E S M I E R E
```

ARIPI	INSECTĂ
BENEFIC	GRĂDINĂ
CEARĂ	MIERE
DIVERSITATE	ALIMENTE
ROI	PLANTE
ECOSISTEM	POLEN
FLORI	POLENIZATOR
FRUCT	REGINĂ
FUM	STUP
HABITAT	SOARE

71 - Santé et Bien Être #2

```
Y S Z F K U A H P B F D L R
C N U S J T E T A T U E R G
L S O T Ă N Ă S P J A S A M
Ă J G K C V V Ţ E A N H P R
N U T R I Ţ I E T E A I H R
E O E Q T I C Y I E T D E T
I D A B E F R O T E O R N A
G I Ţ N J K O R E M A E Y
I G E P E U D W L P I T R A
S O R E G N Â S A A E A G J
S A G B O A L A T U C R I Z
U E I Ţ C E F N I T Y E E N
C E E E R A R E P U C E R T
V I T A M I N Ă S E R T S S
```

ALERGIE	INFECŢIE
ANATOMIE	BOALA
APETIT	MASAJ
CALORII	NUTRIŢIE
CORP	GREUTATE
DESHIDRATARE	RECUPERARE
ENERGIE	SĂNĂTOS
GENETICĂ	SÂNGE
SPITAL	STRES
IGIENĂ	VITAMINĂ

72 - Conduite

```
T  G  Y  H  Q  Ț  T  G  I  Ț  N  D  Ă  E
R  L  A  M  A  Ș  I  N  Ă  U  M  I  Ț  X
A  I  V  R  G  U  Ț  T  C  V  U  S  N  H
F  C  I  T  A  K  L  E  N  U  T  G  A  Z
I  E  T  R  X  J  P  I  O  C  Z  T  R  P
C  N  E  O  H  V  Z  P  T  Ă  O  N  U  O
I  Ț  Z  P  T  B  D  X  E  T  H  E  G  L
D  Ă  Ă  S  M  G  N  Q  I  R  B  D  I  I
F  R  Â  N  E  J  P  J  P  A  I  I  S  T
J  S  E  A  M  O  T  O  R  H  X  C  T  I
L  M  U  R  D  U  P  V  W  G  C  C  O  E
A  Y  O  T  F  C  A  M  I  O  N  A  A  L
M  O  T  O  C  I  C  L  E  T  Ă  Z  B  A
C  O  M  B  U  S  T  I  B  I  L  B  Z  W
```

ACCIDENT	MOTOCICLETĂ
CAMION	PIETON
COMBUSTIBIL	POLITIE
HARTĂ	DRUM
PERICOL	SIGURANȚĂ
FRÂNE	TRAFIC
GARAJ	TRANSPORT
GAZ	TUNEL
LICENȚĂ	VITEZĂ
MOTOR	MAȘINĂ

73 - Plantes

```
M  R  Ă  D  Ă  C  I  N  Ă  O  U  M  P  O
U  Ă  V  E  G  E  T  A  Ț  I  E  W  Y  R
Ș  N  D  Q  U  Ț  Z  Î  L  C  Z  M  C  F
C  I  I  J  W  B  Z  N  I  E  D  E  R  Ă
H  D  F  D  N  U  C  G  I  C  S  Y  E  P
I  Ă  B  A  C  Ă  O  R  Ț  X  R  V  Y  Ă
C  R  E  Ș  T  E  P  Ă  F  L  O  R  Ă  D
F  G  L  I  G  G  A  Ş  C  R  V  H  B  U
R  Z  O  F  B  D  C  Ă  L  A  T  E  P  R
U  O  S  U  S  U  B  M  A  B  C  G  I  E
N  G  A  T  M  Y  M  Â  O  L  X  T  S  O
Z  T  F  F  Ă  C  I  N  A  T  O  B  U  R
E  P  U  U  L  F  Ţ  T  I  A  R  B  Ă  S
Ţ  F  J  F  L  O  A  R  E  U  Z  G  Z  R
```

COPAC	PĂDURE
BACĂ	CREȘTE
BAMBUS	FASOLE
BOTANICĂ	IARBĂ
TUFIȘ	GRĂDINĂ
CACTUS	IEDERĂ
ÎNGRĂŞĂMÂNT	MUȘCHI
FRUNZE	PETALĂ
FLOARE	RĂDĂCINĂ
FLORĂ	VEGETAȚIE

74 - Ferme #2

```
S F C B B S A A Ț N U P O C
T N D B R A Ț Ă M A L Ă A I
O A N I M A L E I C T S I V
U R L G H U L U N C Ă T E E
Q O Z I S S R J K S U O T H
V W K S Ț J A O A U Y R C S
L N N T R M B O P Â K V S S
I N U U O K M F E R M I E R
V N P P T L A T E G E V T U
A F Q Ț C J H R H S J B P M
D B Q V A I M B L R H N A P
Ă Ț L I R I G A R E G J L O
F R U C T G A U E A I V D K
A L I M E N T E J E Q M B S
```

MIEL	LAMĂ
FERMIER	VEGETAL
ANIMALE	PORUMB
PĂSTOR	OAIE
GRÂU	ALIMENTE
RAȚĂ	ORZ
FRUCT	LUNCĂ
HAMBAR	STUP
IRIGARE	TRACTOR
LAPTE	LIVADĂ

75 - Vacances #2

```
D T Ţ X T P H A R T Ă P S J
E R Ă Z I V A B G A S V T B
S A F C M J T Ş O B E Z R F
T N W A P T A Y A N I M Ă W
I S H M L E T O H P R G I P
N P F P I T A X I B O T N L
A O G I B O Ţ G R X T R D A
Ţ R M N E R A M Ă C Ă O T J
I T O G R N Y I V T L P R Ă
E T R E N N R S R Y Ă O O L
T N A R U A T S E R C R C U
T Ţ H Q W T K L Z W S E J S
V A C A N Ţ Ă S E N X A N N
B R V L H N H B R G L I R I
```

AEROPORT	PLAJĂ
CAMPING	RESTAURANT
HARTĂ	REZERVĂRI
DESTINAŢIE	TAXI
STRĂIN	CORT
HOTEL	TREN
INSULĂ	TRANSPORT
TIMP LIBER	VACANŢĂ
MARE	VIZĂ
PAŞAPORT	CĂLĂTORIE

76 - Éthique

```
U R E R V D J B S D M A F D
J M R Ă E A N W A R S L I E
L S A Ț M Z L V D N I T L M
R I R N S B O O E F L R O N
I M E A I J O N R H A U Z I
L I P R L T G S A I U I O T
A T O E A E A D P B D S F A
E P O L E D P T N J I M I T
R O C O R I F G E E V L E E
A D A T W A F S R O I O O O
D I P L O M A T I C D H Y K
B U N Ă T A T E A G N P Y B
Ă E T A T I L A N O I Ț A R
R K N R E S P E C T U O S W
```

ALTRUISM	RĂBDARE
COOPERARE	FILOZOFIE
DEMNITATE	REZONABIL
DIPLOMATIC	RAȚIONALITATE
BUNĂTATE	RESPECTUOS
UMANITATE	REALISM
INDIVIDUALISM	TOLERANȚĂ
OPTIMISM	VALORI

77 - Temps

```
A Y R O F M R Y B U G M I S
S C Z U Ă Z A I M A O A H Ă
E A U T O V D R S N Q T U P
C D I M L U N Ă P U D W M T
O J N C A H E T P A O N I Ă
L Z E X U V L D B J R Î N M
C U C K N Ţ A Ţ I H G N U Â
E L E J A F C B W Q N A T N
A K D E Ă Ţ A E N I M I D Ă
S Y Z N D S M X Y I G N O S
C U R Â N D G O Q Q S T R L
V F N P F O D K X G Ă E J I
I E R I D Y V I I T O R O N
X N C K E V A Z Z X E Y O M
```

AN	CEAS
ANUAL	ZI
DUPĂ	ACUM
ÎNAINTE	DIMINEAŢĂ
CURÂND	AMIAZĂ
CALENDAR	MINUT
DECENIU	LUNĂ
VIITOR	NOAPTE
ORĂ	SĂPTĂMÂNĂ
IERI	SECOL

78 - Maison

```
N  T  A  V  A  N  G  S  P  A  S  M  G  R
F  I  G  P  S  W  R  R  O  V  O  C  A  U
L  E  Z  G  W  X  Ă  C  M  Q  G  B  R  Ș
L  H  R  E  L  E  D  R  E  P  L  U  D  Ă
V  C  F  E  Z  M  I  F  J  P  I  C  A  H
G  Ă  D  R  A  S  N  A  M  E  N  Ă  C  V
D  A  Z  R  N  S  Ă  Z  N  R  D  T  O  N
A  W  R  W  Ț  H  T  Ă  X  E  Ă  Ă  P  T
E  S  O  A  R  L  O  R  Z  T  R  R  E  M
S  F  F  C  J  W  A  E  Ă  E  T  I  R  J
B  H  A  Ș  G  Q  U  M  E  K  A  E  I  O
M  Ă  T  U  R  Ă  T  A  P  F  V  K  Ș  U
C  Q  X  D  C  R  V  C  Y  Ă  C  D  M  F
B  I  B  L  I  O  T  E  C  Ă  N  W  T  Q
```

MĂTURĂ	MANSARDĂ
BIBLIOTECĂ	GRĂDINĂ
CAMERĂ	LAMPĂ
VATRĂ	OGLINDĂ
CHEI	PERETE
GARD	TAVAN
BUCĂTĂRIE	UȘĂ
DUȘ	PERDELE
FEREASTRĂ	COVOR
GARAJ	ACOPERIȘ

79 - Légumes

```
D V S Y O T C V V J E K G A
X O O L K Z N O Â H Z W O N
O G V B Ţ G X C D N Z S S G
J C T L J G B R W J Ă L Ţ H
G E M S E Q F O G J T T Z I
T T H P P A N M J K O J Ă N
Ţ E L I N Ă C L V E L F N A
X V P Z H G E R Ă Z A M I R
S A L A T Ă H Z R H Ş Z L E
S R C E A P Ă I O R U T S U
C T R O Ş I E O M C G M Ă I
I S R I D I C H E B M N M Y
F A S P A N A C V W I M Z L
F C C I U P E R C Ă M R W I
```

USTUROI
ANGHINARE
VÂNĂTĂ
MORCOV
ȚELINĂ
CIUPERCĂ
DOVLEAC
CASTRAVETE
ȘALOTĂ

SPANAC
GHIMBIR
NAP
CEAPĂ
MĂSLINĂ
MAZĂRE
RIDICHE
SALATĂ
ROȘIE

80 - Famille

```
S  Ă  Ş  U  T  Ă  M  C  S  F  Q  Y  O  C
X  T  O  N  S  Z  N  T  L  O  U  N  L  O
F  A  R  S  E  R  P  K  L  U  Ţ  O  S  P
Y  O  W  Ă  C  P  P  O  A  C  I  I  F  I
W  P  Q  M  M  X  O  C  O  P  I  L  E  I
O  E  J  A  N  O  M  T  M  A  T  E  R  N
N  N  V  M  J  L  Ş  K  B  C  I  N  U  B
U  Ţ  Ă  S  O  R  A  Y  D  I  U  R  T  U
S  Y  R  Ţ  Z  Y  Q  S  N  N  N  K  A  U
C  O  P  I  L  Ă  R  I  E  U  C  R  T  H
F  R  A  T  E  T  L  F  P  B  H  O  Ă  H
H  K  P  A  T  E  R  N  V  W  I  Y  N  K
F  F  A  C  J  D  D  D  J  O  U  Z  P  T
Y  T  M  U  Y  K  X  J  P  W  V  P  A  F
```

STRĂMOȘ	SOȚUL
VĂR	MATERN
COPILĂRIE	MAMĂ
COPIL	NEPOT
COPII	NEPOATĂ
SOȚIE	UNCHI
FIICA	PATERN
FRATE	TATĂ
BUNICA	SORA
BUNIC	MĂTUȘĂ

81 - Oiseaux

```
V L E B Ă D Ă X U J B F Ă D
R K O B A R Z Ă P S T Â R C
A I G N U F D Y M Ă V O A W
B L N P Q V L E B M U R O P
I Q I P A P A G A L O N I F
E Ț M O I U H L O R G A C Ț
P R A Ț Ă W D J Ș N T C Y R
U S L G S T N I U G N I P H
I C F O Â C N G R U T L U V
Ț U R T S S A D Ă P H E Ț H
W C V H Ț Ț C X C T N P D G
F Y O U N I U Ă S Q M F A F
J U O B D S O Ț E N J H W J
H Z O G F E T L P F O W S K
```

VULTUR	PINGUIN
STRUȚ	VRABIE
RAȚĂ	PESCĂRUȘ
BARZĂ	OU
PORUMBEL	GÂSCĂ
CIOARĂ	PĂUN
CUC	PAPAGAL
LEBĂDĂ	PELICAN
FLAMINGO	PUI
STÂRC	TOUCAN

82 - Disciplines Scientifiques

```
M  K  T  Ţ  Q  J  E  I  M  O  T  A  N  A
E  J  E  Z  E  I  G  O  L  O  E  G  A  S
C  E  C  O  L  O  G  I  E  H  R  J  R  O
A  C  H  I  M  I  E  B  X  L  M  B  H  C
N  E  C  A  E  B  E  S  L  C  O  O  E  I
I  O  I  T  I  P  I  Ţ  X  E  D  T  O  O
C  C  M  G  G  Ţ  G  W  H  C  I  A  L  L
A  E  I  G  O  L  O  R  U  E  N  N  O  O
V  X  O  D  L  L  L  J  M  P  A  I  G  G
F  I  Z  I  O  L  O  G  I  E  M  C  I  I
Y  K  F  T  N  T  I  H  U  Q  I  Ă  E  E
O  R  T  T  U  Q  B  Y  I  G  C  P  V  M
B  M  T  X  M  S  N  N  Z  S  Ă  A  S  S
W  E  I  M  I  H  C  O  I  B  P  C  O  D
```

ANATOMIE	IMUNOLOGIE
ARHEOLOGIE	MECANICA
BIOCHIMIE	NEUROLOGIE
BIOLOGIE	FIZIOLOGIE
BOTANICĂ	PSIHOLOGIE
CHIMIE	SOCIOLOGIE
ECOLOGIE	TERMODINAMICĂ
GEOLOGIE	

83 - Émotions

```
R  B  P  R  Ţ  B  O  T  T  K  Ţ  B  U
Ă  S  T  Ţ  E  J  X  B  A  U  L  Ţ  U  E
C  B  U  G  W  E  H  W  K  N  S  I  N  T
I  A  A  R  S  L  R  E  L  I  E  F  Ă  A
R  V  L  M  P  Y  Q  C  L  Ţ  I  J  T  T
F  Y  C  M  B  R  J  A  N  N  R  E  A  I
G  B  N  Y  J  F  I  P  R  O  U  X  T  L
R  E  L  A  X  A  T  Z  D  C  C  C  E  I
D  R  A  G  O  S  T  E  Ă  G  U  I  R  B
F  U  R  I  E  T  P  D  N  U  B  T  U  I
P  L  I  C  T  I  S  E  A  L  Ă  A  S  S
T  R  I  S  T  E  Ţ  E  U  W  V  T  U  N
S  A  T  I  S  F  Ă  C  U  T  T  U  P  E
L  I  N  I  Ș  T  E  I  T  A  P  M  I  S
```

DRAGOSTE	PACE
CALM	FRICĂ
FURIE	RELIEF
CONȚINUT	SATISFĂCUT
RELAXAT	SURPRIZĂ
JENAT	SIMPATIE
PLICTISEALĂ	SENSIBILITATE
EXCITAT	LINIȘTE
BUNĂTATE	TRISTEȚE
BUCURIE	

84 - Univers

```
A T M O S F E R Ă S O L A R
F P Z L O N G I T U D I N E
A S T R O N O M I E Z Ţ U V
V A Z X W N M O N O R T S A
E I S R H W A Ă R F F K C S
C L Z T K H Q R B I P S E U
U A A I E N M E D Y Z E R I
A G V V B R X F K C G O Y Ţ
T W C V P I O S O O A O N I
O L U N A B L I F S L R R T
R Z O D I A C M D M A B W S
V P O C S E L E T I X I L L
Î N T U N E R I C C I T L O
L A T I T U D I N E E Ă F S
```

ASTEROID
ASTRONOM
ASTRONOMIE
ATMOSFERĂ
CER
COSMIC
ECUATOR
GALAXIE
EMISFERĂ
ORIZONT

LATITUDINE
LONGITUDINE
LUNA
ÎNTUNERIC
ORBITĂ
SOLAR
SOLSTIŢIU
TELESCOP
VIZIBIL
ZODIAC

85 - Géographie

```
M S U D F J S A T L A S D R
A R X N C O N T I N E N T Â
R Ș A R O C P W R B V Y Z U
E M U L R R E M I S F E R Ă
K B M X E D D O G O S M Ţ N
L R Ă Ţ G F Z D J M Ă E Ţ O
V G L F I F C H C J M R M I
C E U D U V H C L K U I A N
O F S B N G T C B V N D H Ț
C H N T E G E O M Q T I A I
E N I D U T I T L A E A R Q
A L A T I T U D I N E N T W
N T E R I T O R I U I J Ă W
J F B S Y G R H Y U L H C Y
```

ALTITUDINE	LUME
ATLAS	MUNTE
HARTĂ	NORD
CONTINENT	OCEAN
RÂU	VEST
EMISFERĂ	ȚARĂ
INSULĂ	REGIUNE
LATITUDINE	SUD
MARE	TERITORIU
MERIDIAN	ORAȘ

86 - Bâtiments

```
T U R N K W G Q Ţ W N N C H
S L V P C A S T E L Y R A O
U T R O C V S C G D L J B T
N E A P D Y Q M U Z E U I E
I K M D U R G M X P M W N L
V R E B I R A B M A H V Ă U
E A N V R O T A V R E S B O
R M I G A T N F D S R Q I Ţ
S R C Z A A F A B R I C Ă D
I E O A C R A M B A S A D Ă
T P V S P O A Ş C O A L Ă Q
A U W M D B V J R S D L T J
T S U R T A E T G Q P E E Z
E N A F A L A T I P S T V N
```

AMBASADĂ	MUZEU
CABINĂ	OBSERVATOR
CASTEL	STADION
CINEMA	SUPERMARKET
ŞCOALĂ	CORT
GARAJ	TEATRU
HAMBAR	TURN
SPITAL	UNIVERSITATE
HOTEL	FABRICĂ
LABORATOR	

87 - Activités et Loisirs

```
R  M  S  F  B  P  G  S  I  X  V  H  X  S
H  E  S  R  U  C  T  T  U  F  T  Q  Z  V
E  Z  L  W  R  Z  N  I  E  R  I  L  B  T
N  Y  G  A  A  J  Q  A  X  N  F  K  L  Z
A  V  V  V  X  G  O  L  F  B  I  I  O  U
G  N  I  P  M  A  C  Ţ  W  O  E  S  N  R
K  A  C  R  S  P  N  Ă  Î  X  L  D  I  G
P  E  S  C  U  I  T  T  N  W  O  R  G  V
L  M  J  T  C  S  Q  R  O  V  V  U  X  O
A  R  U  T  C  I  P  A  T  Z  M  V  Y
B  A  S  C  H  E  T  O  D  F  H  E  E  J
T  I  R  Ă  N  I  D  Ă  R  G  Z  Ţ  F  M
O  S  C  U  F  U  N  D  Ă  R  I  I  L  P
F  E  P  B  A  S  E  B  A  L  L  I  X  Q
```

ARTĂ	ÎNOT
BASEBALL	PICTURA
BASCHET	PESCUIT
BOX	SCUFUNDĂRI
CAMPING	DRUMEŢII
CURSE	RELAXANT
FOTBAL	SURFING
GOLF	TENIS
GRĂDINĂRIT	VOLEI

88 - Livres

```
L D W E M E O P N N Y Z E F
P I U B D C T N A V E L E R
O C T A G G O O U G C A E P
V O I E L R O T I T I C R O
E N E S R I D F J Y R N C E
S T E E B A T S M Ţ O I Ă Z
T E P R C Ţ R A R O T U A I
E X I I O V D Y T V S S P E
L T C E V M I Y N E I H Q B
C O L E C Ţ I E T R A G I C
U Z N Ţ N A V E N T U R Ă F
P L I N D E U M O R S S H D
I N V E N T I V X C Z D H N
W D X R R O M A N I O Y Z Y
```

AUTOR	CITITOR
AVENTURĂ	LITERAR
COLECŢIE	PAGINĂ
CONTEXT	RELEVANT
DUALITATE	POEM
EPIC	POEZIE
POVESTE	ROMAN
ISTORIC	SERIE
PLIN DE UMOR	TRAGIC
INVENTIV	

89 - Pays #2

```
H D X I Q Y X N Q F T L I U
L V U Z J A P O N I A I N C
C H I N A S E A L Z K B D R
P A K I S T A N G X E A O A
C R Q T U G C X I T N N N I
I A C I A M A J S G Y Z E N
X R F A C R A M E N A D Z A
E L L H Q K X T Ţ Ţ D K I W
M D A A R U S I A P D Z A Y
N H H O N R S X L A T H I Z
L X A E S D S U D A N Y R V
U G A N D A A A L B A N I A
F R A N Ţ A I L A M O S S Z
Ţ D S H X I I X P U X K F Q
```

ALBANIA	LAOS
CHINA	LIBAN
DANEMARCA	MEXIC
FRANŢA	UGANDA
HAITI	PAKISTAN
INDONEZIA	RUSIA
IRLANDA	SOMALIA
JAMAICA	SUDAN
JAPONIA	SIRIA
KENYA	UCRAINA

90 - Fournitures d'Art

```
C C P F P R X I U A K H L W
U R A C Ș E L E R A U C A Z
L E S E E N R D Y C T I R H
O A T R V U A I O U A L A L
R T E N A B P G I W B I D C
I I L E L R Ă U S R E R I R
L V U A E Ă N N L C L C E E
R I R L T C H G Ţ E A A R I
L T I Ă X E Â D E P I U Ă O
U A X F P G R K M B Ţ K N A
T T O T O F T A R A P A I N
F E T S D N I L I P I C I E
H W F I O U E Ţ I Y S R A R
J P Z N R F W V X D B E W D
```

ACRILIC

ACUARELE

LUT

PERII

APARAT FOTO

SCAUN

CĂRBUNE

ȘEVALET

LIPICI

CULORI

CREIOANE

CREATIVITATE

APĂ

CERNEALĂ

RADIERĂ

ULEI

IDEI

HÂRTIE

PASTELURI

TABEL

91 - Eau

```
U  T  I  A  B  U  R  I  L  C  N  R  B  J
D  M  Y  Ț  Ț  T  V  R  Y  O  C  Â  U  A
V  E  I  A  O  L  P  I  U  P  M  U  F  C
Z  A  Z  D  I  F  T  G  C  T  C  H  M  Y
Ă  V  L  A  I  H  P  A  Î  N  G  H  E  Ț
P  Ț  H  U  B  T  H  R  O  E  O  K  K  N
A  R  N  Y  R  C  A  E  Q  R  D  S  C  V
D  O  N  K  E  I  U  T  Ț  U  G  C  U  Q
Ă  C  A  L  Z  R  M  C  E  C  H  A  K  M
Q  E  G  L  I  O  E  D  R  C  E  N  L  A
K  A  A  V  E  A  D  N  E  B  A  A  R  L
Z  N  R  N  H  H  E  Z  N  H  Ț  L  Y  A
I  O  U  X  G  C  K  N  T  R  Ă  M  W  Ț
D  U  Ș  E  V  A  P  O  R  A  R  E  A  M
```

CANAL	IRIGARE
DUȘ	LAC
EVAPORARE	MUSON
RÂU	ZĂPADĂ
CURENT	OCEAN
ÎNGHEȚ	URAGAN
GHEIZER	PLOAIE
GHEAȚĂ	VALURI
UMEDE	ABUR
UMIDITATE	

92 - Jazz

```
Q D O N E G W P H U O D H C
T O B E O A M I U E M W L E
U A V I S U D M U Z I C Ă K
F R W Ţ E R F Z W A X K B W
A T E I Ţ A Z I V O R P M I
V I C Z O L O S Y Ţ C N Z H
O S O O R O T I Z O P M O C
R T N P C S C R A L B U M C
I N C M H T B E I H C E V Â
T E E O E I H C L T S Z V N
E L R C S L H K V E M Y M T
F A T M T X Q I C P B L C E
K T Z H R A M G S D R R R C
K P S L Ă T E H N I C Ă U J
```

ALBUM	MUZICĂ
ARTIST	NOU
CELEBRU	ORCHESTRĂ
CÂNTEC	RITM
COMPOZITOR	SOLO
COMPOZIŢIE	STIL
CONCERT	TALENT
FAVORITE	TOBE
GEN	TEHNICĂ
IMPROVIZAŢIE	VECHI

93 - Paysages

```
T U N D R Ă D A C S A C B P
U P Â A A R E Z I E H G V E
P G S R U E T N U M J X M N
I G Ţ T T T R E Ş E D A Ţ I
C N H Z S Ş A I S B E R G N
U A S E E E P U V P R F M S
Ţ C Z U Ţ P F J B N A S N U
G L F Ţ L A K F Z X M J P L
K U S P E Ă R U T T G B Q Ă
K V R C R P G O X A V U O H
Ţ E M K J L C A L U V W R A
D E A L B A Z Z V A L E I M
X R C D B J L Ă E W R L K P
P S V B J Ă N I T Ş A L M G
```

CASCADĂ   LAC
DEAL   MLAŞTINĂ
DEŞERT   MARE
ESTUAR   MUNTE
RÂU   OAZĂ
GHEIZER   PENINSULĂ
GHEŢAR   PLAJĂ
PEŞTERĂ   TUNDRĂ
AISBERG   VALE
INSULĂ   VULCAN

94 - Pays #1

```
P L D Y F I C I H M P K V Y
T A M Q B T Y S U A O N Ţ A
A I N Â M O R R H L L J O K
K Y E A D A N A C I O D E H
E E T U M T U E T P N A B T
I C E Q D A L L G O I D A Ţ
N G U S J C B F B F A N M F
D E N A T S I N A G F A A I
I R N I D T S Ţ K X P L R L
A M Y B N O Z P R L W N O I
Y A Ţ I M W R O A H M I C P
F N T L N Q E G K N Q F Z I
A I L I Z A R B Q I I V J N
D A A R G E N T I N A A Z E
```

AFGANISTAN	ISRAEL
GERMANIA	LIBIA
ARGENTINA	MALI
BRAZILIA	MAROC
CANADA	PANAMA
SPANIA	FILIPINE
ECUADOR	POLONIA
FINLANDA	ROMÂNIA
INDIA	

95 - Nombres

```
T  P  A  T  R  U  J  R  G  V  N  K  D  Ș
R  Ş  A  I  S  P  R  E  Z  E  C  E  O  A
E  C  E  Z  E  R  P  S  I  E  R  T  I  S
I  T  O  P  T  T  M  X  C  O  K  Ţ  S  E
A  S  P  T  Q  S  V  C  E  P  D  B  P  Ţ
K  S  A  A  D  N  Ţ  M  Z  U  Z  J  R  Q
H  K  C  V  Ș  E  C  D  Ă  U  O  N  E  R
R  Z  E  C  I  M  A  L  U  Z  C  R  Z  Ţ
C  B  L  Q  T  J  B  F  O  E  G  A  E  C
C  B  Ţ  G  F  A  C  Y  D  R  Y  C  C  G
Q  I  M  L  C  X  P  T  O  O  Ţ  M  E  Y
J  L  N  P  A  I  S  P  R  E  Z  E  C  E
W  H  Z  C  K  I  Ţ  C  Ţ  O  H  Y  E  R
P  Ţ  G  D  I  G  O  M  G  J  T  U  Z  A
```

CINCI
DOI
ZECIMAL
ZECE
DOISPREZECE
OPT
NOUĂ
PAISPREZECE

PATRU
ŞAISPREZECE
ȘAPTE
ȘASE
TREISPREZECE
TREI
DOUĂZECI
ZERO

96 - Psychologie

```
E  X  C  G  F  H  Q  P  Y  E  S  I  V  M
I  G  C  O  Â  D  Y  F  B  M  S  A  Q  F
Ţ  Y  O  L  N  N  W  M  O  O  J  X  L  C
A  E  R  A  U  F  D  W  X  Ţ  N  F  T  G
Z  M  N  A  C  G  L  U  G  I  F  U  N  C
N  I  X  N  G  C  L  I  R  I  O  A  E  O
E  R  A  U  L  A  V  E  C  I  E  D  I  P
S  C  L  I  N  I  C  H  J  T  L  J  T  I
S  U  B  C  O  N  Ș  T  I  E  N  T  Ş  L
E  X  P  E  R  I  E  N  Ţ  E  T  E  N  Ă
C  O  M  P  O  R  T  A  M  E  N  T  O  R
R  E  A  L  I  T  A  T  E  Q  V  K  C  I
P  R  O  G  R  A  M  A  R  E  T  U  N  E
E  B  S  P  R  O  B  L  E  M  Ă  T  I  G
```

CLINIC	INCONȘTIENT
COMPORTAMENT	GÂNDURI
CONFLICT	PROBLEMĂ
EGO	PROGRAMARE
COPILĂRIE	REALITATE
EXPERIENŢE	VISE
EMOŢII	SENZAŢIE
EVALUARE	SUBCONȘTIENT
IDEI	

97 - Nature

```
G O L A C I P O R T D R A S
A H K U D B C I O A E Â Y A
N W E G F Ă Ț A E C Ș U T N
I A Ț K R P N L A E B F C
M P I H A K Ț O T C R S R T
A E B W I R O N S I T Ă U U
L G L A T I V I C T W L M A
E X A S I C P N I C S B U R
E N U I Z O R E M R P A S U
O R G Ț U R R S A A C T E T
D O U P C F R U N Z E I Ț G
G D I D P A Ș N I C Ă C E B
P M W O Ă O Y I D E A C S M
B H J L W P Z M I M Ț U Y X
```

ALBINE	RÂU
ADĂPOST	PĂDURE
ANIMALE	GHEȚAR
ARCTIC	NORI
FRUMUSEȚE	PAȘNICĂ
CEAȚĂ	SANCTUAR
DEȘERT	SĂLBATIC
DINAMIC	SENIN
EROZIUNE	TROPICAL
FRUNZE	VITAL

98 - Chimie

```
O  Ţ  L  N  Q  X  E  I  U  G  D  E  T  M
X  R  I  X  R  G  M  B  Y  R  O  L  C  O
I  B  X  O  N  H  O  B  B  E  C  E  R  L
G  R  S  N  N  G  Z  Y  U  A  C  Z  E
E  A  L  I  C  H  I  D  U  T  T  T  Q  C
N  E  T  T  S  H  S  Ţ  K  A  A  R  D  U
U  L  P  O  X  A  P  W  H  T  L  O  N  L
A  C  U  G  M  P  R  R  E  E  I  N  Q  Ă
C  U  V  P  Q  I  F  E  N  L  Z  I  C  O
P  N  Ţ  Y  C  X  C  P  Z  A  A  L  A  F
H  I  D  R  O  G  E  N  I  T  T  A  R  A
C  Ă  L  D  U  R  Ă  G  M  E  O  C  B  C
D  M  U  I  W  X  N  Ţ  Ă  M  R  L  O  I
S  Y  G  B  O  G  A  Z  V  N  Ţ  A  N  D
```

ACID
ALCALIN
ATOMIC
CARBON
CATALIZATOR
CĂLDURĂ
CLOR
ENZIMĂ
ELECTRON
GAZ

HIDROGEN
ION
LICHID
METALE
MOLECULĂ
NUCLEAR
OXIGEN
GREUTATE
SARE

99 - Bateaux

```
C A I A C T B Z C S M O F U
A G S O P Y U I V N V I E R
B Ă I H Y O N F M A Y E P F
T R A N I R A M A E L J Y R
E O N A C A L O R C H U C P
F C I T U A N R E O P A R I
R N H R Â U R F A S F V T I
Â A M I G E A M A N D U R Ă
N N A N P O W N I I N Y O V
G G R A T A C X H T U G T R
H Z E M H W J X Ţ P I B O C
I Ţ E X A Q R A R I J R M Y
E W F T I Q R J J J P P A W
P L U T Ă K J O Y B Z B U M
```

ANCORĂ	MARINAR
GEAMANDURĂ	MARITIM
CANOE	CATARG
FRÂNGHIE	MARE
ECHIPAJ	MOTOR
BAC	NAUTIC
RÂU	OCEAN
CAIAC	PLUTĂ
LAC	VALURI
MAREE	IAHT

100 - Mesures

```
K Q N N Q D B U R T I L K G
T I B M O K U N V E A M I R
D P L R E C P C O J L V L E
M Z Ţ O E T Y I L K Ţ C O U
J Ă S A M A R E U Z A Y G T
I B H E I E E U M E U L R A
M N K N C M T D E C W Q A T
I S C I N I Y R U I O K M E
N P V H Â Ţ B W U M M R I M
U X T O D L T B D A R G X I
T E O A A Ă N O T L K R G Ţ
G R A M R N L U N G I M E Ă
D M Ţ X I Î W C R E P M Z L
C E N T I M E T R U U G Q H
```

CENTIMETRU
GRAD
ZECIMAL
GRAM
ÎNĂLŢIME
KILOGRAM
KILOMETRU
LĂŢIME
LITRU
LUNGIME

MASĂ
METRU
MINUT
BYTE
UNCIE
GREUTATE
INCH
ADÂNCIME
TONĂ
VOLUM

1 - Adjectifs #2

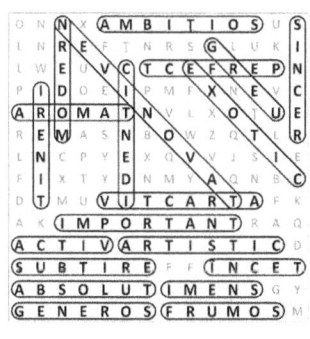

2 - Formes

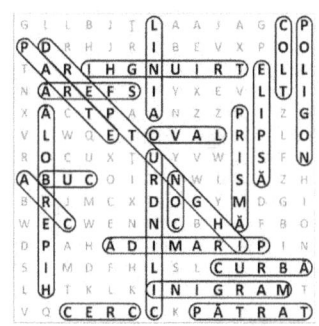

3 - Force et Gravité

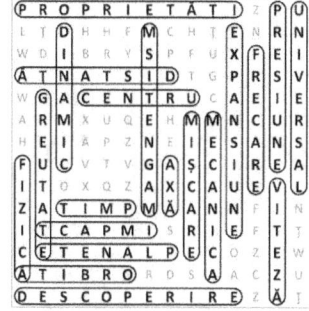

4 - Adjectifs #1

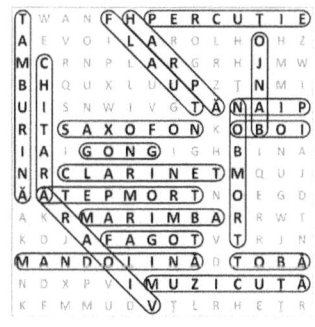

5 - Instruments de Musique

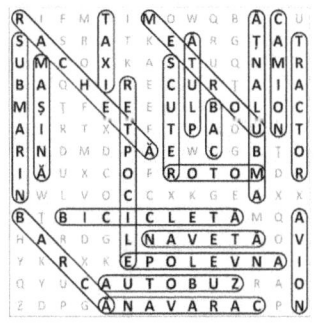

6 - Échecs

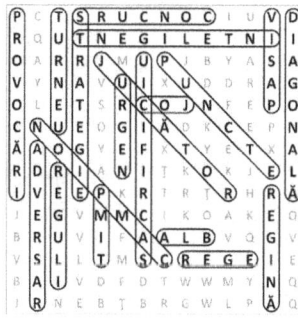

7 - Herboristerie

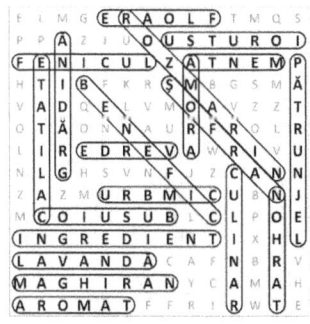

8 - Véhicules

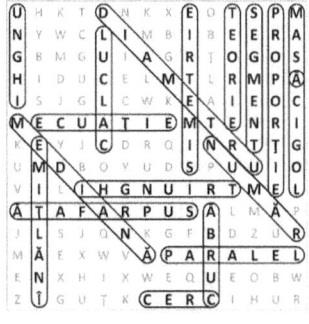

9 - Camping

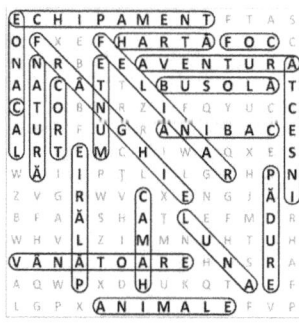

10 - Écologie

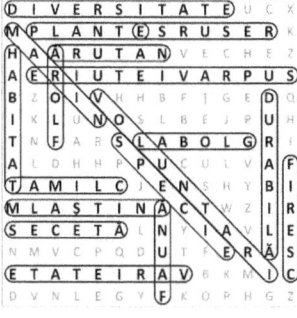

11 - Géométrie

12 - Les Médias

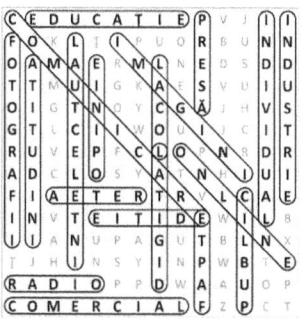

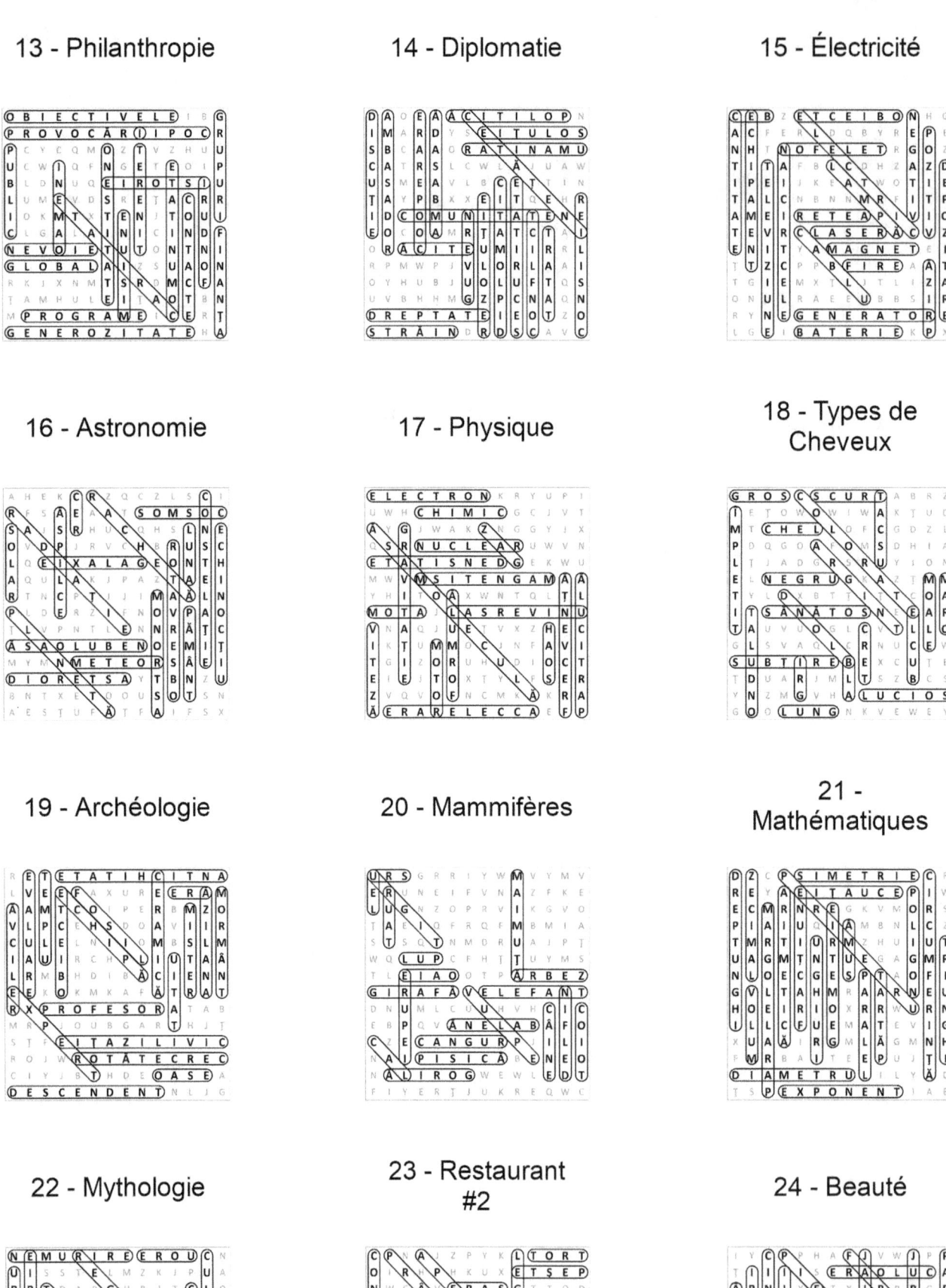

13 - Philanthropie

14 - Diplomatie

15 - Électricité

16 - Astronomie

17 - Physique

18 - Types de Cheveux

19 - Archéologie

20 - Mammifères

21 - Mathématiques

22 - Mythologie

23 - Restaurant #2

24 - Beauté

25 - Avions

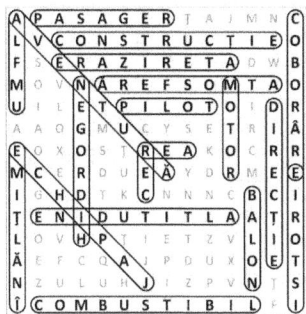

26 - Aventure

27 - Ville

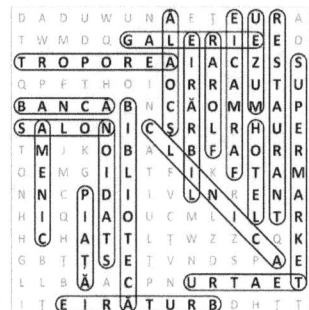

28 - Ingénierie

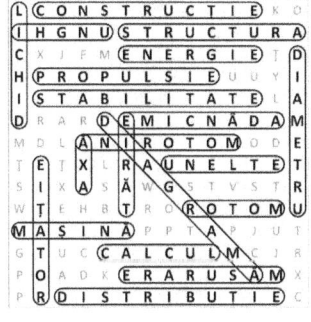

29 - Énergie

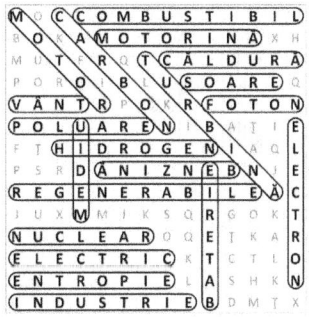

30 - Cuisine

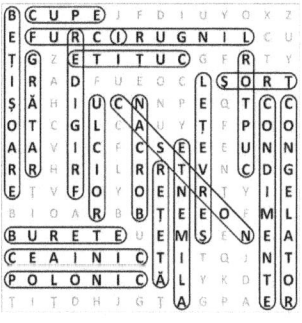

31 - Corps Humain

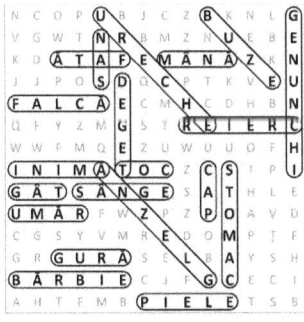

32 - Épices

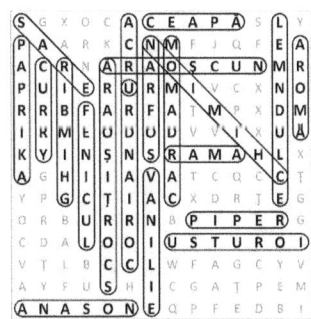

33 - Science

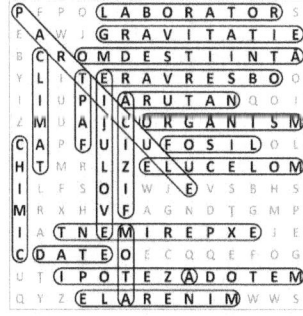

34 - Chats

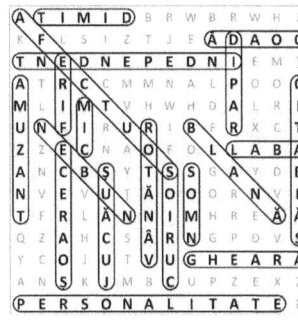

35 - Vêtements

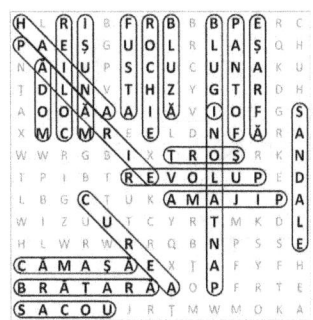

36 - Arts Visuels

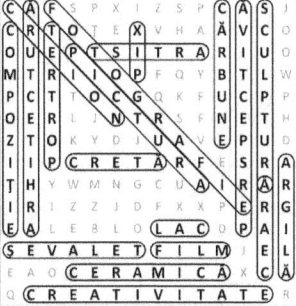

37 - Méditation

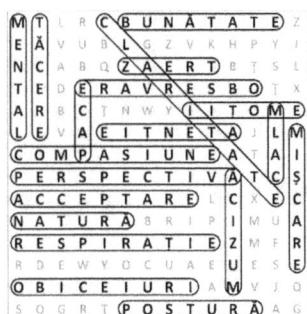

38 - Littérature

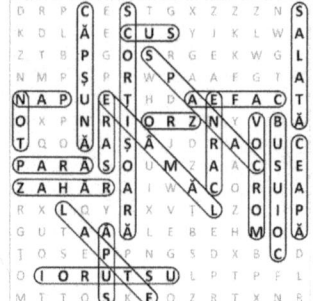

39 - Nourriture #1

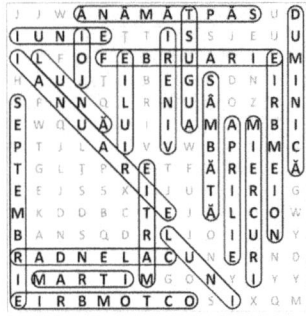

40 - Jours et Mois

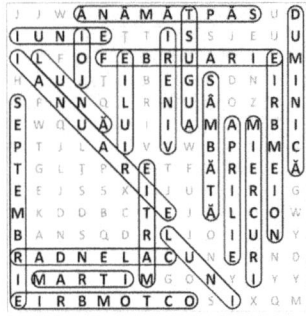

41 - Entreprise

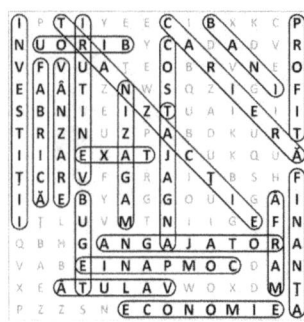

42 - Activités

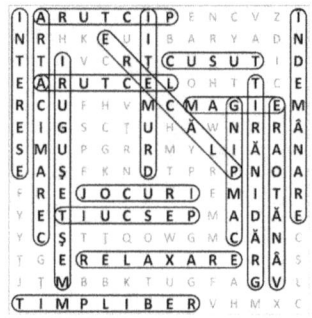

43 - Mode

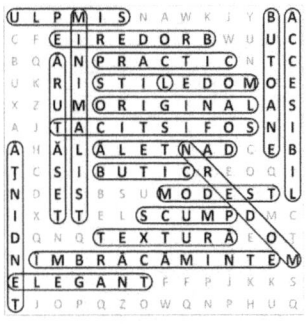

44 - Nourriture #2

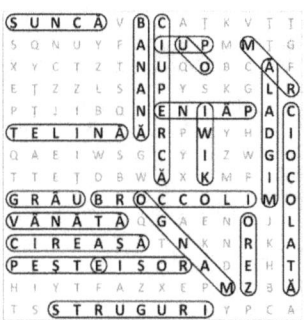

45 - Algèbre

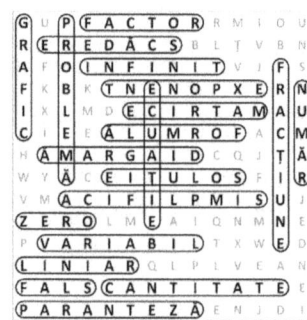

46 - Océan

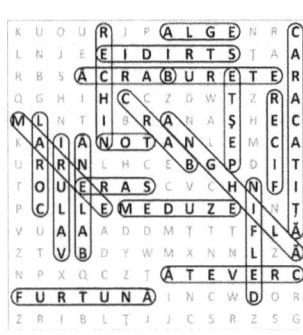

47 - Antiquités

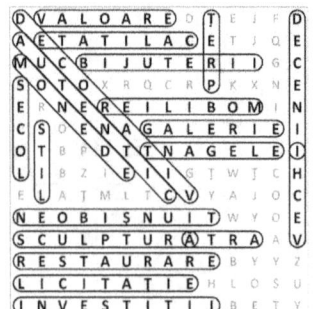

48 - Ballet

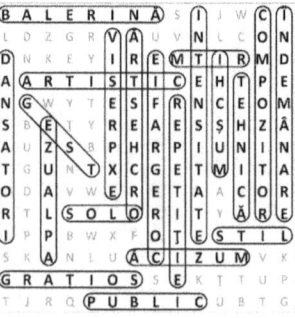

49 - Fruit

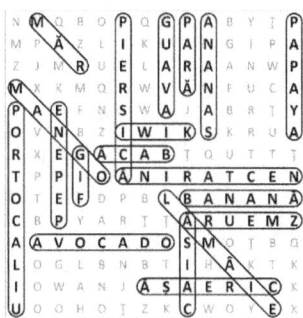

50 - Musique

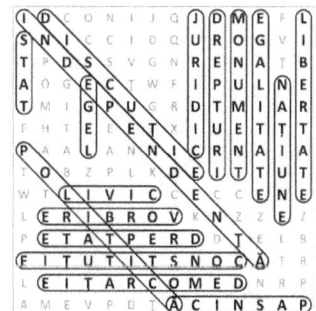

51 - Météo

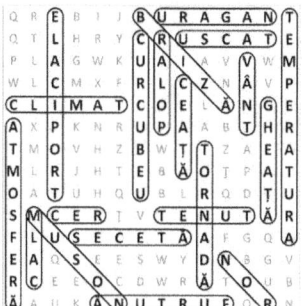

52 - L'Entreprise

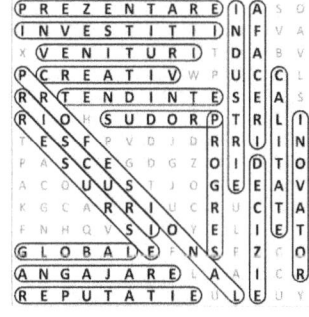

53 - Gouvernement

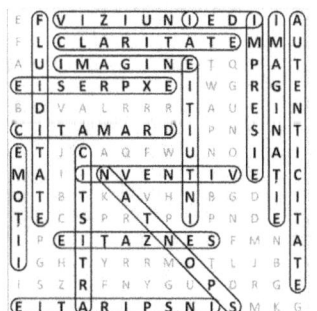

54 - Randonnée

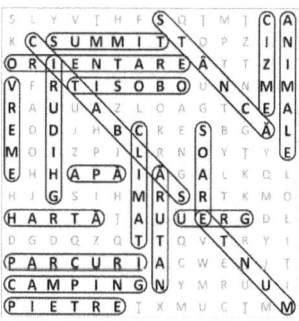

55 - Nutrition

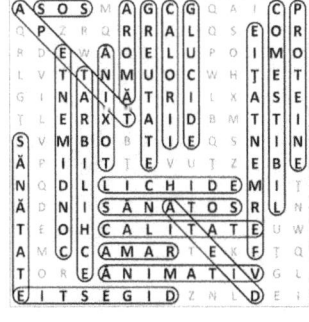

56 - Créativité

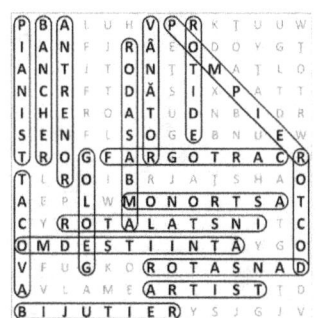

57 - Science Fiction

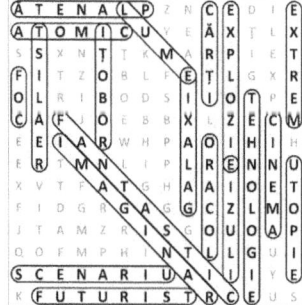

58 - Vertus #1

59 - Professions #1

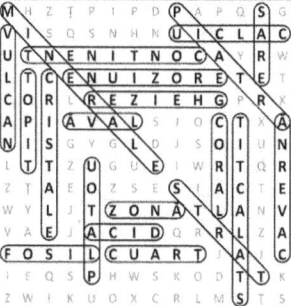

60 - Géologie

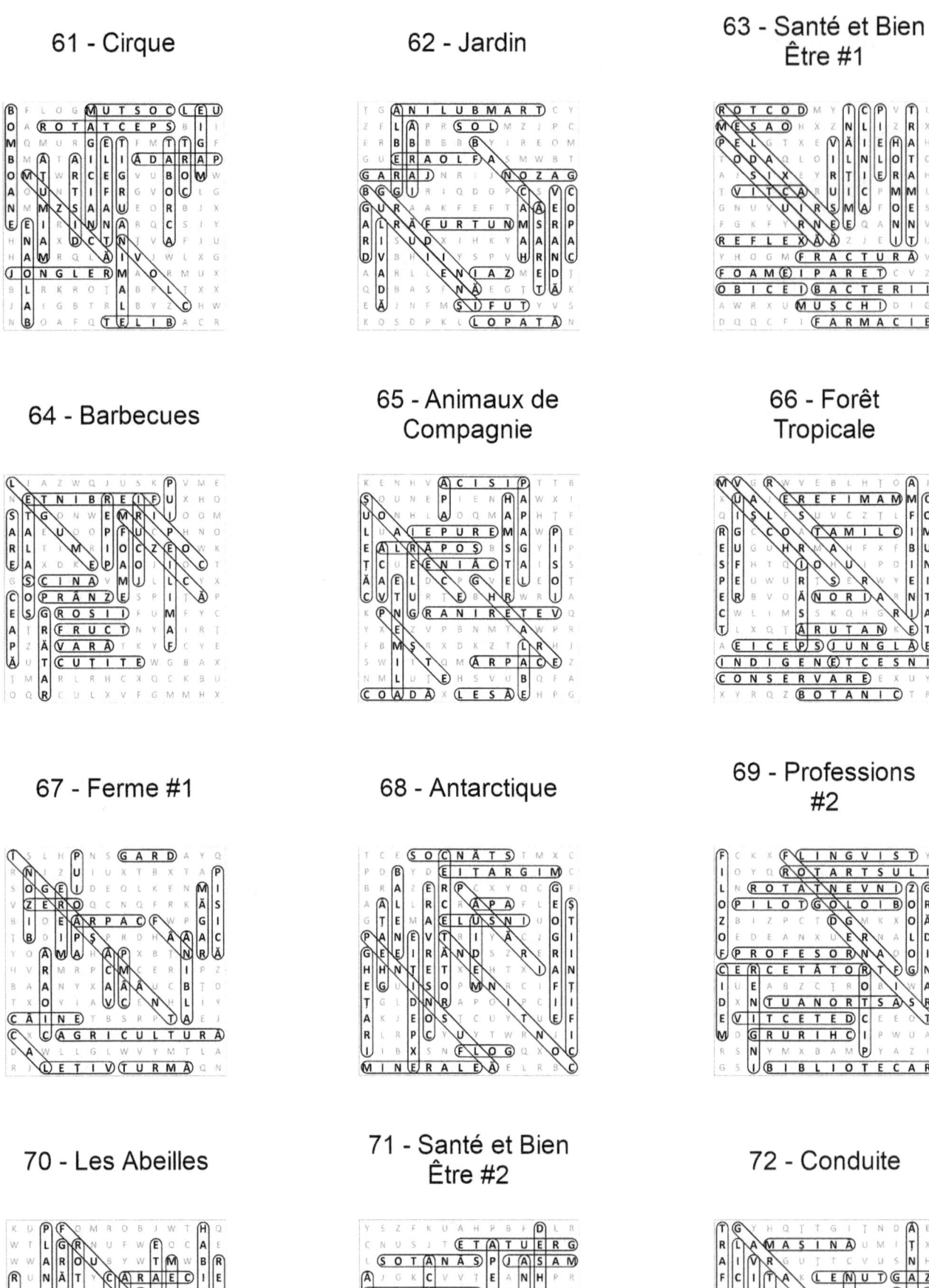

61 - Cirque

62 - Jardin

63 - Santé et Bien Être #1

64 - Barbecues

65 - Animaux de Compagnie

66 - Forêt Tropicale

67 - Ferme #1

68 - Antarctique

69 - Professions #2

70 - Les Abeilles

71 - Santé et Bien Être #2

72 - Conduite

73 - Plantes

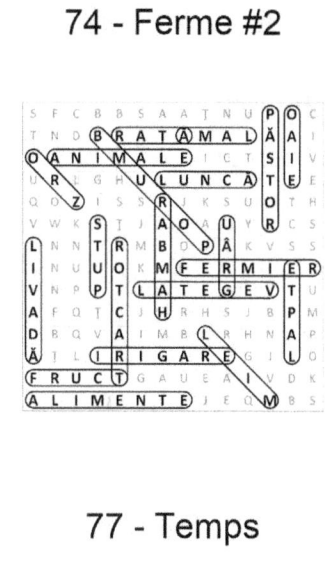

74 - Ferme #2

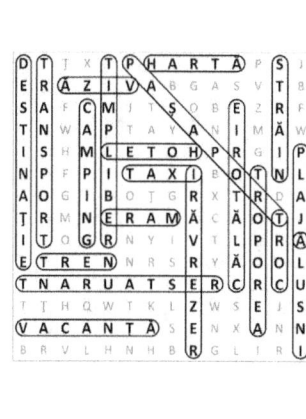

75 - Vacances #2

76 - Éthique

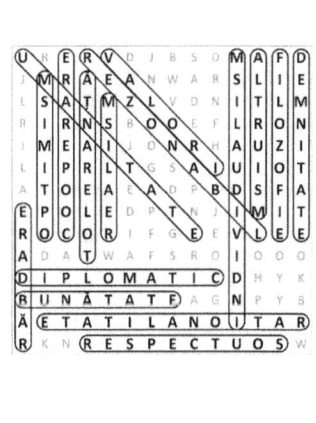

77 - Temps

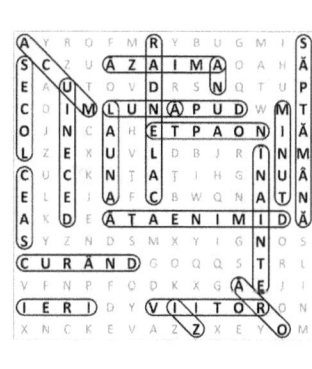

78 - Maison

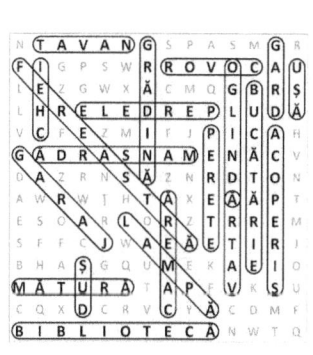

79 - Légumes

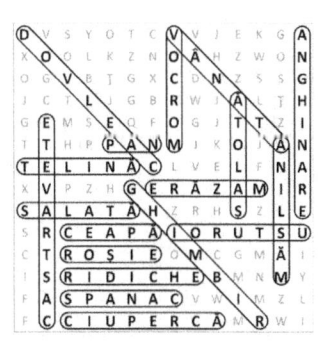

80 - Famille

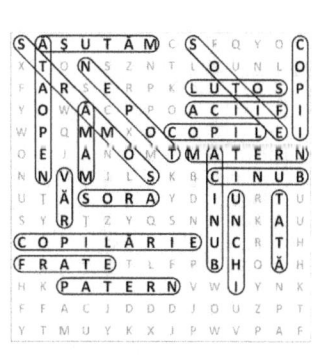

81 - Oiseaux

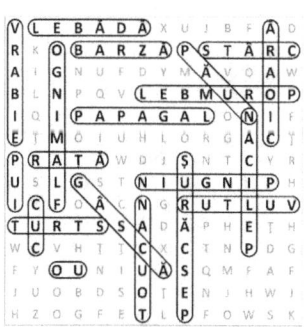

82 - Disciplines Scientifiques

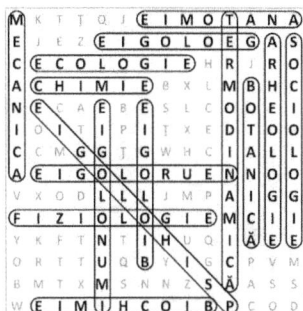

83 - Émotions

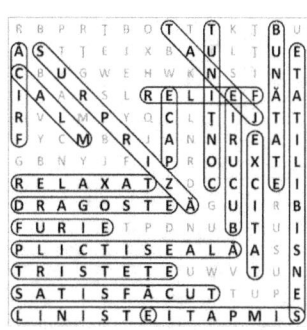

84 - Univers

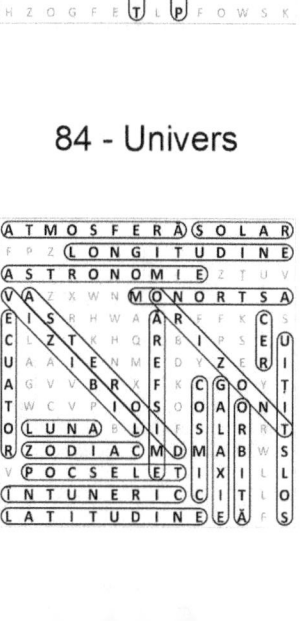

85 - Géographie

86 - Bâtiments

87 - Activités et Loisirs

88 - Livres

89 - Pays #2

90 - Fournitures d'Art

91 - Eau

92 - Jazz

93 - Paysages

94 - Pays #1

95 - Nombres

96 - Psychologie

97 - Nature

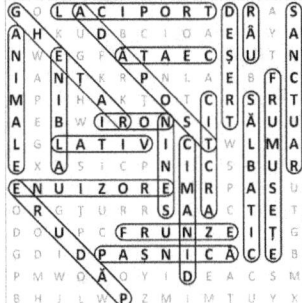

98 - Chimie

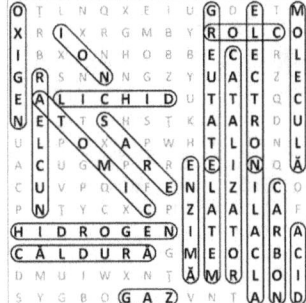

99 - Bateaux

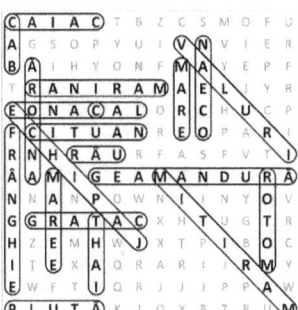

100 - Mesures

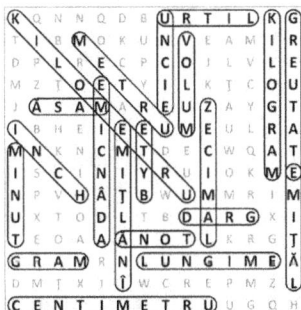

Dictionnaire

Activités
Activități

Activité	Activitate
Art	Artă
Artisanat	Meşteşuguri
Camping	Camping
Céramique	Ceramică
Chasse	Vânătoare
Compétence	Îndemânare
Couture	Cusut
Intérêts	Interese
Jardinage	Grădinărit
Jeux	Jocuri
Lecture	Lectură
Loisir	Timp Liber
Magie	Magie
Peinture	Pictura
Pêche	Pescuit
Photographie	Fotografie
Plaisir	Plăcere
Randonnée	Drumeții
Relaxation	Relaxare

Activités et Loisirs
Activități și Timp Liber

Achats	Cumpărături
Art	Artă
Base-Ball	Baseball
Basket-Ball	Baschet
Boxe	Box
Camping	Camping
Course	Curse
Football	Fotbal
Golf	Golf
Jardinage	Grădinărit
Nager	Înot
Peinture	Pictura
Pêche	Pescuit
Plongée	Scufundări
Randonnée	Drumeții
Relaxant	Relaxant
Surf	Surfing
Tennis	Tenis
Volley-Ball	Volei
Voyage	Călătorie

Adjectifs #1
Adjective #1

Absolu	Absolut
Actif	Activ
Ambitieux	Ambiţios
Aromatique	Aromat
Artistique	Artistic
Attractif	Atractiv
Beau	Frumos
Exotique	Exotic
Énorme	Imens
Généreux	Generos
Honnête	Sincer
Identique	Identic
Important	Important
Innocent	Nevinovat
Jeune	Tineri
Lent	Încet
Lourd	Greu
Mince	Subţire
Moderne	Modern
Parfait	Perfect

Adjectifs #2
Adjective #2

Authentique	Autentic
Célèbre	Celebru
Créatif	Creativ
Descriptif	Descriptiv
Doué	Talentat
Dramatique	Dramatic
Élégant	Elegant
Fier	Mândru
Fort	Puternic
Intéressant	Interesant
Naturel	Firesc
Nouveau	Nou
Productif	Productiv
Pur	Pur
Responsable	Responsabil
Sain	Sănătos
Salé	Sărat
Sauvage	Sălbatic
Sec	Uscat
Somnolent	Somnoros

Algèbre
Algebră

Diagramme	Diagramă
Exposant	Exponent
Équation	Ecuaţie
Facteur	Factor
Faux	Fals
Formule	Formulă
Fraction	Fracţiune
Graphique	Grafic
Infini	Infinit
Linéaire	Liniar
Matrice	Matrice
Nombre	Număr
Parenthèse	Paranteză
Problème	Problemă
Quantité	Cantitate
Simplifier	Simplifica
Solution	Soluţie
Soustraction	Scădere
Variable	Variabil
Zéro	Zero

Animaux de Compagnie
Animale de Companie

Chat	Pisică
Chaton	Pisoi
Chèvre	Capră
Chien	Câine
Chiot	Căţeluş
Collier	Guler
Eau	Apă
Griffes	Gheare
Hamster	Hamster
Laisse	Lesă
Lapin	Iepure
Lézard	Şopârlă
Nourriture	Alimente
Pattes	Labe
Perroquet	Papagal
Poisson	Peşte
Queue	Coadă
Souris	Şoarece
Vache	Vacă
Vétérinaire	Veterinar

Antarctique
Antarctica

Baie	Golf
Baleines	Balene
Chercheur	Cercetător
Conservation	Conservare
Continent	Continent
Eau	Apă
Environnement	Mediu
Expédition	Expediție
Géographie	Geografie
Glace	Gheață
Glaciers	Ghețari
Îles	Insule
Migration	Migrație
Minéraux	Minerale
Oiseaux	Păsări
Péninsule	Peninsulă
Rocheux	Stâncos
Scientifique	Științific
Température	Temperatura
Topographie	Topografie

Antiquités
Antichități

Art	Artă
Authentique	Autentic
Bijoux	Bijuterii
Décennies	Decenii
Décoratif	Decorativ
Enchères	Licitație
Élégant	Elegant
Galerie	Galerie
Inhabituel	Neobișnuit
Investissement	Investiții
Meubles	Mobilier
Pièces	Monede
Prix	Preț
Qualité	Calitate
Restauration	Restaurare
Sculpture	Sculptură
Siècle	Secol
Style	Stil
Valeur	Valoare
Vieux	Vechi

Archéologie
Arheologie

Analyse	Analiză
Antiquité	Antichitate
Chercheur	Cercetător
Civilisation	Civilizație
Descendant	Descendent
Expert	Expert
Ère	Eră
Équipe	Echipă
Évaluation	Evaluare
Fossile	Fosil
Inconnu	Necunoscut
Mystère	Mister
Objets	Obiecte
Os	Oase
Oublié	Uitat
Poterie	Ceramică
Professeur	Profesor
Relique	Relicvă
Temple	Templu
Tombe	Mormânt

Arts Visuels
Arte Vizuale

Architecture	Arhitectură
Argile	Argilă
Artiste	Artist
Céramique	Ceramică
Charbon	Cărbune
Chef-D'Œuvre	Capodoperă
Chevalet	Șevalet
Cire	Ceară
Composition	Compoziție
Craie	Cretă
Crayon	Creion
Créativité	Creativitate
Film	Film
Peinture	Pictura
Perspective	Perspectivă
Photographie	Fotografie
Portrait	Portret
Sculpture	Sculptură
Stylo	Pix
Vernis	Lac

Astronomie
Astronomie

Astéroïde	Asteroid
Astronaute	Astronaut
Astronome	Astronom
Ciel	Cer
Constellation	Constelație
Cosmos	Cosmos
Éclipse	Eclipsă
Équinoxe	Echinocțiu
Fusée	Rachetă
Galaxie	Galaxie
Lune	Luna
Météore	Meteor
Nébuleuse	Nebuloasă
Observatoire	Observator
Planète	Planetă
Radiation	Radiație
Solaire	Solar
Supernova	Supernovă
Terre	Pământ
Univers	Univers

Aventure
Aventuri

Activité	Activitate
Beauté	Frumusețe
Bravoure	Curaj
Chance	Șansă
Dangereux	Periculos
Destination	Destinație
Difficulté	Dificultate
Enthousiasme	Entuziasm
Excursion	Excursie
Inhabituel	Neobișnuit
Itinéraire	Itinerar
Joie	Bucurie
Nature	Natură
Navigation	Navigare
Nouveau	Nou
Opportunité	Oportunitate
Préparation	Pregătirea
Sécurité	Siguranță
Surprenant	Surprinzător
Voyages	Călătorii

Avions
Avioane

Air	Aer
Altitude	Altitudine
Atmosphère	Atmosferă
Atterrissage	Aterizare
Aventure	Aventură
Ballon	Balon
Carburant	Combustibil
Ciel	Cer
Construction	Construcție
Descente	Coborâre
Direction	Direcție
Équipage	Echipaj
Gonfler	Umfla
Hauteur	Înălțime
Histoire	Istorie
Hydrogène	Hidrogen
Moteur	Motor
Passager	Pasager
Pilote	Pilot
Turbulence	Turbulență

Ballet
Balet

Applaudissement	Aplauze
Artistique	Artistic
Ballerine	Balerină
Chorégraphie	Coregrafie
Compétence	Îndemânare
Compositeur	Compozitor
Danseurs	Dansatori
Expressif	Expresiv
Geste	Gest
Gracieux	Grațios
Intensité	Intensitate
Muscles	Mușchi
Musique	Muzică
Orchestre	Orchestră
Public	Public
Répétition	Repetiție
Rythme	Ritm
Solo	Solo
Style	Stil
Technique	Tehnică

Barbecues
Grătare

Chaud	Fierbinte
Couteaux	Cuțite
Déjeuner	Prânz
Dîner	Cina
Enfants	Copii
Été	Vară
Faim	Foame
Famille	Familie
Fruit	Fruct
Gril	Grătar
Jeux	Jocuri
Légumes	Legume
Musique	Muzică
Oignons	Ceapă
Poivre	Piper
Poulet	Pui
Salades	Salate
Sauce	Sos
Sel	Sare
Tomates	Rosii

Bateaux
Barci

Ancre	Ancoră
Bouée	Geamandură
Canoë	Canoe
Corde	Frânghie
Équipage	Echipaj
Ferry	Bac
Fleuve	Râu
Kayak	Caiac
Lac	Lac
Marée	Maree
Marin	Marinar
Maritime	Maritim
Mât	Catarg
Mer	Mare
Moteur	Motor
Nautique	Nautic
Océan	Ocean
Radeau	Plută
Vagues	Valuri
Yacht	Iaht

Bâtiments
Constructii

Ambassade	Ambasadă
Appartement	Apartament
Cabine	Cabină
Château	Castel
Cinéma	Cinema
École	Școală
Garage	Garaj
Grange	Hambar
Hôpital	Spital
Hôtel	Hotel
Laboratoire	Laborator
Musée	Muzeu
Observatoire	Observator
Stade	Stadion
Supermarché	Supermarket
Tente	Cort
Théâtre	Teatru
Tour	Turn
Université	Universitate
Usine	Fabrică

Beauté
Frumusețe

Boucles	Bucle
Charme	Farmec
Ciseaux	Foarfece
Cosmétique	Cosmetice
Couleur	Culoare
Élégance	Eleganță
Élégant	Elegant
Grâce	Grație
Huiles	Uleiuri
Lisse	Neted
Maquillage	Machiaj
Mascara	Rimel
Miroir	Oglindă
Parfum	Parfum
Peau	Piele
Photogénique	Fotogenic
Rouge à Lèvres	Ruj
Services	Servicii
Shampooing	Șampon
Styliste	Stilist

Camping
Camping

Animaux	Animale
Aventure	Aventură
Boussole	Busolă
Cabine	Cabină
Canoë	Canoe
Carte	Hartă
Chapeau	Pălărie
Chasse	Vânătoare
Corde	Frânghie
Équipement	Echipament
Feu	Foc
Forêt	Pădure
Hamac	Hamac
Insecte	Insectă
Lac	Lac
Lanterne	Felinar
Lune	Luna
Montagne	Munte
Nature	Natură
Tente	Cort

Chats
Pisicile

Affectueux	Afectuos
Chasseur	Vânător
Curieux	Curios
Dormir	Somn
Drôle	Amuzant
Espiègle	Jucăuş
Fil	Fire
Fou	Nebun
Fourrure	Blană
Griffe	Gheară
Indépendant	Independent
Patte	Laba
Personnalité	Personalitate
Peu	Mic
Queue	Coadă
Rapide	Rapid
Sauvage	Sălbatic
Souris	Şoarece
Timide	Timid

Chimie
Chimie

Acide	Acid
Alcalin	Alcalin
Atomique	Atomic
Carbone	Carbon
Catalyseur	Catalizator
Chaleur	Căldură
Chlore	Clor
Enzyme	Enzimă
Électron	Electron
Gaz	Gaz
Hydrogène	Hidrogen
Ion	Ion
Liquide	Lichid
Métaux	Metale
Molécule	Moleculă
Nucléaire	Nuclear
Oxygène	Oxigen
Poids	Greutate
Sel	Sare
Température	Temperatura

Cirque
Circ

Acrobate	Acrobat
Animaux	Animale
Ballons	Baloane
Billet	Bilet
Bonbon	Bomboane
Clown	Clovn
Costume	Costum
Divertir	Distra
Éléphant	Elefant
Jongleur	Jongler
Lion	Leu
Magicien	Magician
Magie	Magie
Musique	Muzică
Parade	Paradă
Singe	Maimuţă
Spectaculaire	Spectaculos
Spectateur	Spectator
Tente	Cort
Tigre	Tigru

Conduite
Conducere

Accident	Accident
Camion	Camion
Carburant	Combustibil
Carte	Hartă
Danger	Pericol
Freins	Frâne
Garage	Garaj
Gaz	Gaz
Licence	Licenţă
Moteur	Motor
Moto	Motocicletă
Piéton	Pieton
Police	Poliţie
Route	Drum
Sécurité	Siguranţă
Trafic	Trafic
Transport	Transport
Tunnel	Tunel
Vitesse	Viteză
Voiture	Maşină

Corps Humain
Corpul Uman

Bouche	Gură
Cerveau	Creier
Cheville	Gleznă
Cou	Gât
Coude	Cot
Cœur	Inimă
Doigt	Deget
Estomac	Stomac
Épaule	Umăr
Genou	Genunchi
Lèvres	Buze
Main	Mână
Mâchoire	Falcă
Menton	Bărbie
Nez	Nas
Oreille	Ureche
Peau	Piele
Sang	Sânge
Tête	Cap
Visage	Faţă

Créativité
Creativitate

Artistique	Artistic
Authenticité	Autenticitate
Clarté	Claritate
Compétence	Îndemânare
Dramatique	Dramatic
Expression	Expresie
Émotions	Emoţii
Fluidité	Fluiditate
Idées	Idei
Image	Imagine
Imagination	Imaginaţie
Impression	Impresie
Inspiration	Inspiraţie
Intensité	Intensitate
Intuition	Intuiţie
Inventif	Inventiv
Sensation	Senzaţie
Spontané	Spontan
Visions	Viziuni
Vitalité	Vitalitate

Cuisine
Bucătărie

Baguettes	Beţişoare
Bol	Castron
Bouilloire	Ceainic
Congélateur	Congelator
Couteaux	Cuţite
Cruche	Ulcior
Cuillères	Linguri
Épices	Condimente
Éponge	Burete
Four	Cuptor
Fourchettes	Furci
Gril	Grătar
Louche	Polonic
Nourriture	Alimente
Pot	Borcan
Recette	Reţetă
Réfrigérateur	Frigider
Serviette	Şerveţel
Tablier	Şorţ
Tasses	Cupe

Diplomatie
Diplomaţie

Ambassade	Ambasadă
Ambassadeur	Ambasador
Citoyens	Cetăţeni
Communauté	Comunitate
Conflit	Conflict
Conseiller	Consilier
Coopération	Cooperare
Diplomatique	Diplomatic
Discussion	Discuţie
Éthique	Etică
Étranger	Străin
Gouvernement	Guvern
Humanitaire	Umanitar
Intégrité	Integritate
Justice	Dreptate
Politique	Politică
Résolution	Rezoluţie
Sécurité	Securitate
Solution	Soluţie
Traité	Tratat

Disciplines Scientifiques
Disciplinele Ştiinţifice

Anatomie	Anatomie
Archéologie	Arheologie
Astronomie	Astronomie
Biochimie	Biochimie
Biologie	Biologie
Botanique	Botanică
Chimie	Chimie
Écologie	Ecologie
Géologie	Geologie
Immunologie	Imunologie
Linguistique	Lingvistică
Mécanique	Mecanica
Météorologie	Meteorologie
Minéralogie	Mineralogie
Neurologie	Neurologie
Physiologie	Fiziologie
Psychologie	Psihologie
Sociologie	Sociologie
Thermodynamique	Termodinamică
Zoologie	Zoologie

Eau
Apă

Canal	Canal
Douche	Duş
Évaporation	Evaporare
Fleuve	Râu
Flux	Curent
Gel	Îngheţ
Geyser	Gheizer
Glace	Gheaţă
Humide	Umede
Humidité	Umiditate
Inondation	Inundaţii
Irrigation	Irigare
Lac	Lac
Mousson	Muson
Neige	Zăpadă
Océan	Ocean
Ouragan	Uragan
Pluie	Ploaie
Vagues	Valuri
Vapeur	Abur

Entreprise
Afaceri

Argent	Bani
Boutique	Magazin
Budget	Buget
Bureau	Birou
Carrière	Carieră
Coût	Cost
Devise	Valută
Employeur	Angajator
Employé	Angajat
Entreprise	Companie
Économie	Economie
Finance	Finanţa
Impôts	Taxe
Investissement	Investiţii
Marchandise	Marfă
Profit	Profit
Revenu	Venituri
Transaction	Tranzacţie
Usine	Fabrică
Vente	Vânzare

Échecs
Şah

Adversaire	Adversar
Blanc	Alb
Champion	Campion
Concours	Concurs
Défis	Provocări
Diagonal	Diagonală
Intelligent	Inteligent
Jeu	Joc
Joueur	Jucător
Noir	Negru
Passif	Pasiv
Points	Puncte
Reine	Regină
Règles	Reguli
Roi	Rege
Sacrifice	Sacrificiu
Stratégie	Strategie
Temps	Timp
Tournoi	Turneu

Écologie
Ecologie

Bénévoles	Voluntari
Climat	Climat
Communautés	Comunități
Diversité	Diversitate
Durable	Durabilă
Espèce	Specie
Faune	Faună
Flore	Floră
Global	Global
Habitat	Habitat
Marais	Mlaștină
Marin	Marin
Nature	Natură
Naturel	Firesc
Plantes	Plante
Ressources	Resurse
Sécheresse	Secetă
Survie	Supraviețuire
Variété	Varietate
Végétation	Vegetație

Électricité
Electricitate

Aimant	Magnet
Ampoule	Bec
Batterie	Baterie
Câble	Cablu
Électricien	Electrician
Électrique	Electric
Équipement	Echipament
Fils	Fire
Générateur	Generator
Lampe	Lampă
Laser	Laser
Négatif	Negativ
Objets	Obiecte
Positif	Pozitiv
Prise	Priză
Quantité	Cantitate
Réseau	Rețea
Stockage	Depozitare
Téléphone	Telefon
Télévision	Televiziune

Émotions
Emoții

Amour	Dragoste
Calme	Calm
Colère	Furie
Contenu	Conținut
Détendu	Relaxat
Embarrassé	Jenat
Ennui	Plictiseală
Excité	Excitat
Gentillesse	Bunătate
Joie	Bucurie
Paix	Pace
Peur	Frică
Reconnaissant	Recunoscător
Relief	Relief
Satisfait	Satisfăcut
Surprise	Surpriză
Sympathie	Simpatie
Tendresse	Sensibilitate
Tranquillité	Liniște
Tristesse	Tristețe

Énergie
Energie

Batterie	Baterie
Carbone	Carbon
Carburant	Combustibil
Chaleur	Căldură
Diesel	Motorină
Entropie	Entropie
Environnement	Mediu
Essence	Benzină
Électrique	Electric
Électron	Electron
Hydrogène	Hidrogen
Industrie	Industrie
Moteur	Motor
Nucléaire	Nuclear
Photon	Foton
Pollution	Poluare
Renouvelable	Regenerabile
Soleil	Soare
Turbine	Turbină
Vent	Vânt

Épices
Condimente

Aigre	Acru
Ail	Usturoi
Amer	Amar
Anis	Anason
Cannelle	Scorțișoară
Cardamome	Cardamom
Coriandre	Coriandru
Cumin	Chimion
Curry	Curry
Fenouil	Fenicul
Gingembre	Ghimbir
Muscade	Nucșoară
Oignon	Ceapă
Paprika	Paprika
Poivre	Piper
Réglisse	Lemn Dulce
Safran	Șofran
Saveur	Aromă
Sel	Sare
Vanille	Vanilie

Éthique
Etica

Altruisme	Altruism
Compassion	Compasiune
Coopération	Cooperare
Dignité	Demnitate
Diplomatique	Diplomatic
Gentillesse	Bunătate
Honnêteté	Onestitate
Humanité	Umanitate
Individualisme	Individualism
Intégrité	Integritate
Optimisme	Optimism
Patience	Răbdare
Philosophie	Filozofie
Raisonnable	Rezonabil
Rationalité	Raționalitate
Respectueux	Respectuos
Réalisme	Realism
Sagesse	Înțelepciune
Tolérance	Toleranță
Valeurs	Valori

Famille
Familie

Ancêtre	Strămoș
Cousin	Văr
Enfance	Copilărie
Enfant	Copil
Enfants	Copii
Femme	Soție
Fille	Fiica
Frère	Frate
Grand-Mère	Bunica
Grand-Père	Bunic
Mari	Soțul
Maternel	Matern
Mère	Mamă
Neveu	Nepot
Nièce	Nepoată
Oncle	Unchi
Paternel	Patern
Père	Tată
Soeur	Sora
Tante	Mătușă

Ferme #1
Ferma # 1

Abeille	Albină
Agriculture	Agricultură
Âne	Măgar
Bison	Bizon
Champ	Câmp
Chat	Pisică
Cheval	Cal
Chèvre	Capră
Chien	Câine
Clôture	Gard
Corbeau	Cioară
Eau	Apă
Engrais	Îngrășământ
Foin	Fân
Miel	Miere
Poulet	Pui
Riz	Orez
Troupeau	Turmă
Vache	Vacă
Veau	Vițel

Ferme #2
Ferma # 2

Agneau	Miel
Agriculteur	Fermier
Animaux	Animale
Berger	Păstor
Blé	Grâu
Canard	Rață
Fruit	Fruct
Grange	Hambar
Irrigation	Irigare
Lait	Lapte
Lama	Lamă
Légume	Vegetal
Maïs	Porumb
Mouton	Oaie
Nourriture	Alimente
Orge	Orz
Pré	Luncă
Ruche	Stup
Tracteur	Tractor
Verger	Livadă

Force et Gravité
Forța și Gravitatea

Axe	Axă
Centre	Centru
Découverte	Descoperire
Distance	Distanță
Dynamique	Dinamic
Expansion	Expansiune
Friction	Frecare
Impact	Impact
Magnétisme	Magnetism
Mécanique	Mecanica
Mouvement	Mișcare
Orbite	Orbită
Physique	Fizică
Planètes	Planete
Poids	Greutate
Pression	Presiune
Propriétés	Proprietăți
Temps	Timp
Universel	Universal
Vitesse	Viteză

Forêt Tropicale
Pădurea Tropicală

Amphibiens	Amfibieni
Botanique	Botanic
Climat	Climat
Communauté	Comunitate
Diversité	Diversitate
Espèce	Specie
Indigène	Indigene
Insectes	Insecte
Jungle	Junglă
Mammifères	Mamifere
Mousse	Mușchi
Nature	Natură
Nuage	Nori
Oiseaux	Păsări
Précieux	Valoros
Préservation	Conservare
Refuge	Refugiu
Respect	Respect
Restauration	Restaurare
Survie	Supraviețuire

Formes
Forme

Arc	Arc
Bords	Margini
Carré	Pătrat
Cercle	Cerc
Coin	Colț
Courbe	Curbă
Cône	Con
Côté	Parte
Cube	Cub
Cylindre	Cilindru
Ellipse	Elipsă
Hyperbole	Hiperbolă
Ligne	Linia
Ovale	Oval
Polygone	Poligon
Prisme	Prismă
Pyramide	Piramidă
Rectangle	Dreptunghi
Sphère	Sferă
Triangle	Triunghi

Fournitures d'Art
Materiale de Artă

Acrylique	Acrilic
Aquarelles	Acuarele
Argile	Lut
Brosses	Perii
Caméra	Aparat Foto
Chaise	Scaun
Charbon	Cărbune
Chevalet	Șevalet
Colle	Lipici
Couleurs	Culori
Crayons	Creioane
Créativité	Creativitate
Eau	Apă
Encre	Cerneală
Gomme	Radieră
Huile	Ulei
Idées	Idei
Papier	Hârtie
Pastels	Pasteluri
Table	Tabel

Fruit
Fructe

Abricot	Caisă
Ananas	Ananas
Avocat	Avocado
Baie	Bacă
Banane	Banană
Cerise	Cireașă
Citron	Lămâie
Figue	Fig
Framboise	Zmeură
Goyave	Guava
Kiwi	Kiwi
Mangue	Mango
Melon	Pepene
Nectarine	Nectarină
Orange	Portocaliu
Papaye	Papaya
Pêche	Piersică
Poire	Pară
Pomme	Măr
Raisin	Struguri

Géographie
Geografie

Altitude	Altitudine
Atlas	Atlas
Carte	Hartă
Continent	Continent
Fleuve	Râu
Hémisphère	Emisferă
Île	Insulă
Latitude	Latitudine
Mer	Mare
Méridien	Meridian
Monde	Lume
Montagne	Munte
Nord	Nord
Océan	Ocean
Ouest	Vest
Pays	Țară
Région	Regiune
Sud	Sud
Territoire	Teritoriu
Ville	Oraș

Géologie
Geologie

Acide	Acid
Calcium	Calciu
Caverne	Cavernă
Continent	Continent
Corail	Coral
Couche	Strat
Cristaux	Cristale
Érosion	Eroziune
Fondu	Topit
Fossile	Fosil
Geyser	Gheizer
Lave	Lavă
Minéraux	Minerale
Pierre	Piatră
Plateau	Platou
Quartz	Cuarț
Sel	Sare
Stalactite	Stalactit
Volcan	Vulcan
Zone	Zonă

Géométrie
Geometrie

Angle	Unghi
Calcul	Calcul
Cercle	Cerc
Courbe	Curbă
Diamètre	Diametru
Dimension	Dimensiune
Équation	Ecuație
Hauteur	Înălțime
Logique	Logică
Masse	Masă
Médian	Mediană
Nombre	Număr
Parallèle	Paralel
Proportion	Proporție
Segment	Segment
Surface	Suprafață
Symétrie	Simetrie
Théorie	Teorie
Triangle	Triunghi
Vertical	Vertical

Gouvernement
Guvern

Citoyenneté	Cetățenie
Civil	Civil
Constitution	Constituție
Démocratie	Democrație
Discours	Vorbire
Discussion	Discuție
Droits	Drepturi
Égalité	Egalitate
État	Stat
Indépendance	Independență
Judiciaire	Juridic
Justice	Dreptate
Liberté	Libertate
Loi	Lege
Monument	Monument
Nation	Națiune
National	Național
Paisible	Pașnică
Politique	Politică
Symbole	Simbol

Herboristerie
Plante Medicinale

Ail	Usturoi
Aromatique	Aromat
Basilic	Busuioc
Bénéfique	Benefic
Culinaire	Culinar
Estragon	Tarhon
Fenouil	Fenicul
Fleur	Floare
Ingrédient	Ingredient
Jardin	Grădină
Lavande	Lavandă
Marjolaine	Maghiran
Menthe	Mentă
Persil	Pătrunjel
Qualité	Calitate
Romarin	Rozmarin
Safran	Șofran
Saveur	Aromă
Thym	Cimbru
Vert	Verde

Ingénierie
Inginerie

Angle	Unghi
Axe	Axă
Calcul	Calcul
Construction	Construcție
Diagramme	Diagramă
Diamètre	Diametru
Diesel	Motorină
Distribution	Distribuție
Engrenages	Unelte
Énergie	Energie
Force	Tărie
Liquide	Lichid
Machine	Mașină
Mesure	Măsurare
Moteur	Motor
Profondeur	Adâncime
Propulsion	Propulsie
Rotation	Rotație
Stabilité	Stabilitate
Structure	Structura

Instruments de Musique
Instrumente Muzicale

Banjo	Banjo
Basson	Fagot
Clarinette	Clarinet
Flûte	Flaut
Gong	Gong
Guitare	Chitară
Harmonica	Muzicuță
Harpe	Harpă
Hautbois	Oboi
Mandoline	Mandolină
Marimba	Marimba
Percussion	Percuție
Piano	Pian
Saxophone	Saxofon
Tambour	Tobă
Tambourin	Tamburină
Trombone	Trombon
Trompette	Trompetă
Violon	Vioară
Violoncelle	Violoncel

Jardin
Grădină

Arbre	Copac
Banc	Bancă
Buisson	Tufiș
Clôture	Gard
Étang	Iaz
Fleur	Floare
Garage	Garaj
Hamac	Hamac
Herbe	Iarbă
Jardin	Grădină
Mauvaises Herbes	Buruieni
Pelle	Lopată
Pelouse	Gazon
Porche	Verandă
Râteau	Greblă
Sol	Sol
Terrasse	Terasă
Trampoline	Trambulină
Tuyau	Furtun
Verger	Livadă

Jazz
Jazz

Album	Album
Artiste	Artist
Célèbre	Celebru
Chanson	Cântec
Compositeur	Compozitor
Composition	Compoziție
Concert	Concert
Favoris	Favorite
Genre	Gen
Improvisation	Improvizație
Musique	Muzică
Nouveau	Nou
Orchestre	Orchestră
Rythme	Ritm
Solo	Solo
Style	Stil
Talent	Talent
Tambours	Tobe
Technique	Tehnică
Vieux	Vechi

Jours et Mois
Zile și Lunile

Août	August
Avril	Aprilie
Calendrier	Calendar
Dimanche	Duminică
Février	Februarie
Janvier	Ianuarie
Jeudi	Joi
Juillet	Iulie
Juin	Iunie
Lundi	Luni
Mardi	Marți
Mars	Martie
Mercredi	Miercuri
Mois	Lună
Novembre	Noiembrie
Octobre	Octombrie
Samedi	Sâmbătă
Semaine	Săptămână
Septembre	Septembrie
Vendredi	Vineri

L'Entreprise
Compania

Affaires	Afaceri
Créatif	Creativ
Décision	Decizie
Emploi	Angajare
Global	Global
Industrie	Industrie
Innovant	Inovator
Investissement	Investiții
Possibilité	Posibilitate
Présentation	Prezentare
Produit	Produs
Professionnel	Profesional
Progrès	Progres
Qualité	Calitate
Ressources	Resurse
Revenu	Venituri
Réputation	Reputatie
Risques	Riscuri
Tendances	Tendințe
Unités	Unități

Les Abeilles
Albinele

Ailes	Aripi
Bénéfique	Benefic
Cire	Ceară
Diversité	Diversitate
Essaim	Roi
Écosystème	Ecosistem
Fleurs	Flori
Fruit	Fruct
Fumée	Fum
Habitat	Habitat
Insecte	Insectă
Jardin	Grădină
Miel	Miere
Nourriture	Alimente
Plantes	Plante
Pollen	Polen
Pollinisateur	Polenizator
Reine	Regină
Ruche	Stup
Soleil	Soare

Les Médias
Mass-Media

Attitudes	Atitudini
Commercial	Comercial
Communication	Comunicare
En Ligne	Online
Édition	Ediție
Éducation	Educație
Faits	Fapte
Images	Imagini
Individuel	Individual
Industrie	Industrie
Intellectuel	Intelectual
Journaux	Presă
Local	Local
Numérique	Digital
Opinion	Opinie
Photos	Fotografii
Public	Public
Radio	Radio
Réseau	Rețea
Télévision	Televiziune

Légumes
Legume

Ail	Usturoi
Artichaut	Anghinare
Aubergine	Vânătă
Brocoli	Broccoli
Carotte	Morcov
Céleri	Țelină
Champignon	Ciupercă
Citrouille	Dovleac
Concombre	Castravete
Échalote	Șalotă
Épinard	Spanac
Gingembre	Ghimbir
Navet	Nap
Oignon	Ceapă
Olive	Măslină
Persil	Pătrunjel
Pois	Mazăre
Radis	Ridiche
Salade	Salată
Tomate	Roșie

Littérature
Literatură

Analogie	Analogie
Analyse	Analiză
Anecdote	Anecdotă
Auteur	Autor
Biographie	Biografie
Comparaison	Comparație
Conclusion	Concluzie
Description	Descriere
Dialogue	Dialog
Fiction	Ficțiune
Métaphore	Metaforă
Narrateur	Narator
Poème	Poem
Poétique	Poetic
Rime	Rimă
Roman	Roman
Rythme	Ritm
Style	Stil
Thème	Temă
Tragédie	Tragedie

Livres
Cărți

Auteur	Autor
Aventure	Aventură
Collection	Colecție
Contexte	Context
Dualité	Dualitate
Épique	Epic
Histoire	Poveste
Historique	Istoric
Humoristique	Plin de Umor
Inventif	Inventiv
Lecteur	Cititor
Littéraire	Literar
Narrateur	Narator
Page	Pagină
Pertinent	Relevant
Poème	Poem
Poésie	Poezie
Roman	Roman
Série	Serie
Tragique	Tragic

Maison
Casa

Balai	Mătură
Bibliothèque	Bibliotecă
Chambre	Cameră
Cheminée	Vatră
Clés	Chei
Clôture	Gard
Cuisine	Bucătărie
Douche	Duș
Fenêtre	Fereastră
Garage	Garaj
Grenier	Mansardă
Jardin	Grădină
Lampe	Lampă
Miroir	Oglindă
Mur	Perete
Plafond	Tavan
Porte	Ușă
Rideaux	Perdele
Tapis	Covor
Toit	Acoperiș

Mammifères
Mamiferele

Baleine	Balenă
Chat	Pisică
Cheval	Cal
Chien	Câine
Coyote	Coiot
Dauphin	Delfin
Éléphant	Elefant
Girafe	Girafă
Gorille	Gorilă
Kangourou	Cangur
Lapin	Iepure
Lion	Leu
Loup	Lup
Mouton	Oaie
Ours	Urs
Renard	Vulpe
Singe	Maimuță
Taureau	Taur
Tigre	Tigru
Zèbre	Zebră

Mathématiques
Matematică

Angles	Unghiuri
Arithmétique	Aritmetică
Carré	Pătrat
Circonférence	Circumferință
Décimal	Zecimal
Diamètre	Diametru
Exposant	Exponent
Équation	Ecuație
Fraction	Fracțiune
Géométrie	Geometrie
Parallèle	Paralel
Parallélogramme	Paralelogram
Perpendiculaire	Perpendicular
Périmètre	Perimetru
Polygone	Poligon
Rectangle	Dreptunghi
Somme	Sumă
Symétrie	Simetrie
Triangle	Triunghi
Volume	Volum

Mesures
Măsurătorile

Centimètre	Centimetru
Degré	Grad
Décimal	Zecimal
Gramme	Gram
Hauteur	Înălțime
Kilogramme	Kilogram
Kilomètre	Kilometru
Largeur	Lățime
Litre	Litru
Longueur	Lungime
Masse	Masă
Mètre	Metru
Minute	Minut
Octet	Byte
Once	Uncie
Poids	Greutate
Pouce	Inch
Profondeur	Adâncime
Tonne	Tonă
Volume	Volum

Méditation
Meditație

Acceptation	Acceptare
Attention	Atenție
Calme	Calm
Clarté	Claritate
Compassion	Compasiune
Émotions	Emoții
Éveillé	Treaz
Gentillesse	Bunătate
Gratitude	Recunoștință
Habitudes	Obiceiuri
Mental	Mental
Mouvement	Mișcare
Musique	Muzică
Nature	Natură
Observation	Observare
Paix	Pace
Perspective	Perspectivă
Posture	Postură
Respiration	Respirație
Silence	Tăcere

Météo
Vremea

Arc-En-Ciel	Curcubeu
Atmosphère	Atmosferă
Brise	Briză
Brouillard	Ceață
Calme	Calm
Ciel	Cer
Climat	Climat
Glace	Gheață
Mousson	Muson
Nuage	Nor
Ouragan	Uragan
Polaire	Polar
Sec	Uscat
Sécheresse	Secetă
Température	Temperatura
Tempête	Furtună
Tonnerre	Tunet
Tornade	Tornadă
Tropical	Tropicale
Vent	Vânt

Mode
Modă

Abordable	Accesibil
Boutique	Butic
Boutons	Butoane
Broderie	Broderie
Cher	Scump
Dentelle	Dantelă
Élégant	Elegant
Minimaliste	Minimalist
Moderne	Modern
Modeste	Modest
Modèle	Model
Original	Original
Pratique	Practic
Simple	Simplu
Sophistiqué	Sofisticat
Style	Stil
Tendance	Tendință
Texture	Textură
Tissu	Țesătură
Vêtements	Îmbrăcăminte

Musique
Muzica

Album	Album
Ballade	Baladă
Chanter	Cânta
Chanteur	Cântăreț
Classique	Clasic
Enregistrement	Înregistrare
Harmonie	Armonie
Harmonique	Armonic
Instrument	Instrument
Lyrique	Liric
Mélodie	Melodie
Microphone	Microfon
Musical	Muzical
Musicien	Muzician
Opéra	Operă
Poétique	Poetic
Rythme	Ritm
Rythmique	Ritmic
Tempo	Tempo
Vocal	Vocal

Mythologie
Mitologie

Archétype	Arhetip
Catastrophe	Dezastru
Comportement	Comportament
Création	Creare
Créature	Făptură
Croyances	Credințe
Culture	Cultură
Éclair	Fulger
Force	Tărie
Guerrier	Războinic
Héros	Erou
Immortalité	Nemurire
Jalousie	Gelozie
Labyrinthe	Labirint
Légende	Legendă
Magique	Magic
Monstre	Monstru
Mortel	Muritor
Tonnerre	Tunet
Vengeance	Răzbunare

Nature
Natura

Abeilles	Albine
Abri	Adăpost
Animaux	Animale
Arctique	Arctic
Beauté	Frumusețe
Brouillard	Ceață
Désert	Deșert
Dynamique	Dinamic
Érosion	Eroziune
Feuillage	Frunze
Fleuve	Râu
Forêt	Pădure
Glacier	Ghețar
Nuage	Nori
Paisible	Pașnică
Sanctuaire	Sanctuar
Sauvage	Sălbatic
Serein	Senin
Tropical	Tropical
Vital	Vital

Nombres
Numerele

Cinq	Cinci
Deux	Doi
Décimal	Zecimal
Dix	Zece
Dix-Huit	Optsprezece
Dix-Neuf	Nouăsprezece
Dix-Sept	Șaptesprezece
Douze	Doisprezece
Huit	Opt
Neuf	Nouă
Quatorze	Paisprezece
Quatre	Patru
Quinze	Cincisprezece
Seize	Șaisprezece
Sept	Șapte
Six	Șase
Treize	Treisprezece
Trois	Trei
Vingt	Douăzeci
Zéro	Zero

Nourriture #1
Alimente #1

Ail	Usturoi
Basilic	Busuioc
Café	Cafea
Cannelle	Scorțișoară
Carotte	Morcov
Citron	Lămâie
Épinard	Spanac
Fraise	Căpșună
Jus	Suc
Lait	Lapte
Navet	Nap
Oignon	Ceapă
Orge	Orz
Poire	Pară
Salade	Salată
Sel	Sare
Soupe	Supă
Sucre	Zahăr
Thon	Ton
Viande	Carne

Nourriture #2
Alimente #2

Amande	Migdală
Aubergine	Vânătă
Banane	Banană
Blé	Grâu
Brocoli	Broccoli
Cerise	Cireașă
Céleri	Țelină
Champignon	Ciupercă
Chocolat	Ciocolată
Jambon	Șuncă
Kiwi	Kiwi
Mangue	Mango
Oeuf	Ou
Pain	Pâine
Poisson	Pește
Pomme	Măr
Poulet	Pui
Raisin	Struguri
Riz	Orez
Tomate	Roșie

Nutrition
Alimentație

Amer	Amar
Appétit	Apetit
Calories	Calorii
Comestible	Comestibil
Diète	Dietă
Digestion	Digestie
Épices	Condimente
Équilibré	Echilibrat
Fermentation	Fermentație
Glucides	Glucide
Liquides	Lichide
Poids	Greutate
Protéines	Proteine
Qualité	Calitate
Sain	Sănătos
Santé	Sănătate
Sauce	Sos
Saveur	Aromă
Toxine	Toxină
Vitamine	Vitamină

Océan
Ocean

Algue	Alge
Anguille	Anghilă
Baleine	Balenă
Bateau	Barcă
Corail	Coral
Crabe	Crab
Crevette	Crevetă
Dauphin	Delfin
Éponge	Burete
Huître	Stridie
Marées	Maree
Méduse	Meduze
Poisson	Pește
Poulpe	Caracatiță
Requin	Rechin
Récif	Recif
Sel	Sare
Tempête	Furtună
Thon	Ton
Vagues	Valuri

Oiseaux
Păsări

Aigle	Vultur
Autruche	Struț
Canard	Rață
Cigogne	Barză
Colombe	Porumbel
Corbeau	Cioară
Coucou	Cuc
Cygne	Lebădă
Flamant	Flamingo
Héron	Stârc
Manchot	Pinguin
Moineau	Vrabie
Mouette	Pescăruș
Oeuf	Ou
Oie	Gâscă
Paon	Păun
Perroquet	Papagal
Pélican	Pelican
Poulet	Pui
Toucan	Toucan

Pays #1
Țările #1

Afghanistan	Afganistan
Allemagne	Germania
Argentine	Argentina
Brésil	Brazilia
Canada	Canada
Espagne	Spania
Équateur	Ecuador
Finlande	Finlanda
Inde	India
Israël	Israel
Libye	Libia
Mali	Mali
Maroc	Maroc
Nicaragua	Nicaragua
Norvège	Norvegia
Panama	Panama
Philippines	Filipine
Pologne	Polonia
Roumanie	România
Venezuela	Venezuela

Pays #2
Țările #2

Albanie	Albania
Chine	China
Danemark	Danemarca
France	Franța
Haïti	Haiti
Indonésie	Indonezia
Irlande	Irlanda
Jamaïque	Jamaica
Japon	Japonia
Kenya	Kenya
Laos	Laos
Liban	Liban
Mexique	Mexic
Ouganda	Uganda
Pakistan	Pakistan
Russie	Rusia
Somalie	Somalia
Soudan	Sudan
Syrie	Siria
Ukraine	Ucraina

Paysages
Peisaje

Cascade	Cascadă
Colline	Deal
Désert	Deșert
Estuaire	Estuar
Fleuve	Râu
Geyser	Gheizer
Glacier	Ghețar
Grotte	Peșteră
Iceberg	Aisberg
Île	Insulă
Lac	Lac
Marais	Mlaștină
Mer	Mare
Montagne	Munte
Oasis	Oază
Péninsule	Peninsulă
Plage	Plajă
Toundra	Tundră
Vallée	Vale
Volcan	Vulcan

Philanthropie
Filantropie

Besoin	Nevoie
Buts	Obiectivele
Charité	Caritate
Communauté	Comunitate
Contacts	Contacte
Défis	Provocări
Enfants	Copii
Finance	Finanța
Fonds	Fonduri
Gens	Oameni
Générosité	Generozitate
Global	Global
Groupes	Grupuri
Histoire	Istorie
Honnêteté	Onestitate
Humanité	Umanitate
Jeunesse	Tineret
Mission	Misiune
Programmes	Programe
Public	Public

Physique
Fizică

Accélération	Accelerare
Atome	Atom
Chaos	Haos
Chimique	Chimic
Densité	Densitate
Électron	Electron
Formule	Formulă
Fréquence	Frecvență
Gaz	Gaz
Gravité	Gravitație
Magnétisme	Magnetism
Masse	Masă
Mécanique	Mecanica
Molécule	Moleculă
Moteur	Motor
Nucléaire	Nuclear
Particule	Particulă
Relativité	Relativitate
Universel	Universal
Vitesse	Viteză

Plantes
Plante

Arbre	Copac
Baie	Bacă
Bambou	Bambus
Botanique	Botanică
Buisson	Tufiș
Cactus	Cactus
Engrais	Îngrășământ
Feuillage	Frunze
Fleur	Floare
Flore	Floră
Forêt	Pădure
Grandir	Crește
Haricot	Fasole
Herbe	Iarbă
Jardin	Grădină
Lierre	Iederă
Mousse	Mușchi
Pétale	Petală
Racine	Rădăcină
Végétation	Vegetație

Professions #1
Profesiile #1

Ambassadeur	Ambasador
Artiste	Artist
Astronome	Astronom
Avocat	Avocat
Banquier	Bancher
Bijoutier	Bijutier
Cartographe	Cartograf
Chasseur	Vânător
Danseur	Dansator
Entraîneur	Antrenor
Éditeur	Editor
Géologue	Geolog
Médecin	Doctor
Musicien	Muzician
Pianiste	Pianist
Plombier	Instalator
Pompier	Pompier
Psychologue	Psiholog
Scientifique	Om de Știință
Vétérinaire	Veterinar

Professions #2
Profesiile #2

Astronaute	Astronaut
Bibliothécaire	Bibliotecar
Biologiste	Biolog
Chercheur	Cercetător
Chirurgien	Chirurg
Dentiste	Dentist
Détective	Detectiv
Enseignant	Profesor
Illustrateur	Ilustrator
Ingénieur	Inginer
Inventeur	Inventator
Jardinier	Grădinar
Journaliste	Jurnalist
Linguiste	Lingvist
Médecin	Medic
Peintre	Pictor
Philosophe	Filozof
Photographe	Fotograf
Pilote	Pilot
Zoologiste	Zoolog

Psychologie
Psihologie

Clinique	Clinic
Comportement	Comportament
Conflit	Conflict
Ego	Ego
Enfance	Copilărie
Expériences	Experiențe
Émotions	Emoții
Évaluation	Evaluare
Idées	Idei
Inconscient	Inconștient
Pensées	Gânduri
Perception	Percepție
Personnalité	Personalitate
Problème	Problemă
Rendez-Vous	Programare
Réalité	Realitate
Rêves	Vise
Sensation	Senzație
Subconscient	Subconștient
Thérapie	Terapie

Randonnée
Drumeții

Animaux	Animale
Bottes	Cizme
Camping	Camping
Carte	Hartă
Climat	Climat
Eau	Apă
Falaise	Stâncă
Fatigué	Obosit
Guides	Ghiduri
Lourd	Greu
Météo	Vreme
Montagne	Munte
Nature	Natură
Orientation	Orientare
Parcs	Parcuri
Pierres	Pietre
Préparation	Pregătirea
Sauvage	Sălbatic
Soleil	Soare
Sommet	Summit

Restaurant #2
Restaurantul #2

Apéritif	Aperitiv
Boisson	Băutură
Chaise	Scaun
Cuillère	Lingură
Déjeuner	Prânz
Délicieux	Delicios
Dîner	Cina
Eau	Apă
Épices	Condimente
Fourchette	Furcă
Fruit	Fruct
Gâteau	Tort
Glace	Gheață
Légumes	Legume
Oeuf	Ouă
Poisson	Pește
Salade	Salată
Sel	Sare
Serveur	Chelner
Soupe	Supă

Santé et Bien-Être #1
Sănătate și Bunăstare #1

Actif	Activ
Bactéries	Bacterii
Clinique	Clinica
Faim	Foame
Fracture	Fractură
Habitude	Obicei
Hauteur	Înălțime
Hormone	Hormoni
Médecin	Doctor
Médicament	Medicină
Muscles	Mușchi
Os	Oase
Peau	Piele
Pharmacie	Farmacie
Posture	Postură
Relaxation	Relaxare
Réflexe	Reflex
Thérapie	Terapie
Traitement	Tratament
Virus	Virus

Santé et Bien-Être #2
Sănătate și Bunăstare #2

Allergie	Alergie
Anatomie	Anatomie
Appétit	Apetit
Calorie	Calorii
Corps	Corp
Déshydratation	Deshidratare
Énergie	Energie
Génétique	Genetică
Hôpital	Spital
Hygiène	Igienă
Infection	Infecție
Maladie	Boala
Massage	Masaj
Nutrition	Nutriție
Poids	Greutate
Récupération	Recuperare
Sain	Sănătos
Sang	Sânge
Stress	Stres
Vitamine	Vitamină

Science
Știință

Atome	Atom
Chimique	Chimic
Climat	Climat
Données	Date
Expérience	Experiment
Évolution	Evoluție
Fait	Fapt
Fossile	Fosil
Gravité	Gravitație
Hypothèse	Ipoteză
Laboratoire	Laborator
Méthode	Metodă
Minéraux	Minerale
Molécules	Molecule
Nature	Natură
Observation	Observare
Organisme	Organism
Particules	Particule
Physique	Fizică
Scientifique	Om de Știință

Science-Fiction
Operă Științifico-Fantas

Atomique	Atomic
Cinéma	Cinema
Explosion	Explozie
Extrême	Extrem
Fantastique	Fantastic
Feu	Foc
Futuriste	Futurist
Galaxie	Galaxie
Illusion	Iluzie
Imaginaire	Imaginar
Livres	Cărți
Monde	Lume
Mystérieux	Misterios
Oracle	Oracol
Planète	Planetă
Réaliste	Realist
Robots	Roboți
Scénario	Scenariu
Technologie	Tehnologie
Utopie	Utopie

Temps
Timp

Année	An
Annuel	Anual
Après	După
Avant	Înainte
Bientôt	Curând
Calendrier	Calendar
Décennie	Deceniu
Futur	Viitor
Heure	Oră
Hier	Ieri
Horloge	Ceas
Jour	Zi
Maintenant	Acum
Matin	Dimineață
Midi	Amiază
Minute	Minut
Mois	Lună
Nuit	Noapte
Semaine	Săptămână
Siècle	Secol

Types de Cheveux
Tipuri de Par

Argent	Argint
Blanc	Alb
Blond	Blond
Boucles	Bucle
Brillant	Lucios
Chauve	Chel
Coloré	Colorate
Court	Scurt
Doux	Moale
Épais	Gros
Frisé	Cret
Gris	Gri
Long	Lung
Marron	Maro
Mince	Subțire
Noir	Negru
Ondulé	Ondulat
Sain	Sănătos
Sec	Uscat
Tressé	Împletit

Univers
Universul

Astéroïde	Asteroid
Astronome	Astronom
Astronomie	Astronomie
Atmosphère	Atmosferă
Ciel	Cer
Cosmique	Cosmic
Équateur	Ecuator
Galaxie	Galaxie
Hémisphère	Emisferă
Horizon	Orizont
Latitude	Latitudine
Longitude	Longitudine
Lune	Luna
Obscurité	Întuneric
Orbite	Orbită
Solaire	Solar
Solstice	Solstițiu
Télescope	Telescop
Visible	Vizibil
Zodiaque	Zodiac

Vacances #2
Vacanță #2

Aéroport	Aeroport
Camping	Camping
Carte	Hartă
Destination	Destinație
Étranger	Străin
Hôtel	Hotel
Île	Insulă
Loisir	Timp Liber
Mer	Mare
Passeport	Pașaport
Plage	Plajă
Restaurant	Restaurant
Réservations	Rezervări
Taxi	Taxi
Tente	Cort
Train	Tren
Transport	Transport
Vacances	Vacanță
Visa	Viză
Voyage	Călătorie

Vertus #1
Virtuțile #1

Artistique	Artistic
Bon	Bun
Charmant	Fermecător
Confiant	Încrezător
Curieux	Curios
Décisif	Decisiv
Drôle	Amuzant
Efficace	Eficient
Fiable	De Încredere
Généreux	Generos
Imaginatif	Imaginativ
Indépendant	Independent
Intelligent	Inteligent
Modeste	Modest
Passionné	Pasionat
Patient	Pacient
Pratique	Practic
Propre	Curat
Sage	Înțelept
Utile	Util

Véhicules
Autovehicule

Ambulance	Ambulanță
Avion	Avion
Bateau	Barcă
Bus	Autobuz
Camion	Camion
Caravane	Caravană
Ferry	Bac
Fusée	Rachetă
Hélicoptère	Elicopter
Métro	Metrou
Moteur	Motor
Navette	Navetă
Pneus	Anvelope
Radeau	Plută
Scooter	Scuter
Sous-Marin	Submarin
Taxi	Taxi
Tracteur	Tractor
Vélo	Bicicletă
Voiture	Mașină

Vêtements
Haine

Bracelet	Brățară
Ceinture	Curea
Chapeau	Pălărie
Chaussure	Pantof
Chemise	Cămașă
Chemisier	Bluză
Collier	Colier
Foulard	Eșarfă
Gants	Mănuși
Jeans	Blugi
Jupe	Fusta
Manteau	Haina
Mode	Modă
Pantalon	Pantaloni
Pull	Pulover
Pyjama	Pijama
Robe	Rochie
Sandales	Sandale
Tablier	Șorț
Veste	Sacou

Ville
Oraș

Aéroport	Aeroport
Banque	Bancă
Bibliothèque	Bibliotecă
Boulangerie	Brutărie
Cinéma	Cinema
Clinique	Clinica
École	Școală
Fleuriste	Florar
Galerie	Galerie
Hôtel	Hotel
Librairie	Librărie
Marché	Piață
Musée	Muzeu
Pharmacie	Farmacie
Restaurant	Restaurant
Salon	Salon
Stade	Stadion
Supermarché	Supermarket
Théâtre	Teatru
Université	Universitate

Félicitations

Vous avez réussi !

Nous espérons que vous avez apprécié ce livre autant que nous avons pris plaisir à le concevoir. Nous faisons de notre mieux pour créer des livres de la meilleure qualité possible.
Cette édition est conçue pour permettre un apprentissage intelligent et de qualité en se divertissant !

Vous avez aimé ce livre ?

Une Simple Demande

Nos livres existent grâce aux avis que vous publiez. Pourriez-vous nous aider en laissant un avis maintenant ?

Voici un lien rapide qui vous mènera à votre
page d'évaluation de vos commandes :

BestBooksActivity.com/Avis50

CHALLENGE FINAL !

Défi n°1

Êtes-vous prêt pour votre jeu bonus ? Nous les utilisons tout le temps mais ils ne sont pas si faciles à trouver. Voici les **Synonymes** !

Notez 5 mots que vous avez trouvés dans les puzzles notés ci-dessous (n°21, n°36, n°76) et essayez de trouver 2 synonymes pour chaque mot.

Notez 5 Mots du **Puzzle 21**

Mots	Synonyme 1	Synonyme 2

Notez 5 Mots du **Puzzle 36**

Mots	Synonyme 1	Synonyme 2

Notez 5 Mots du **Puzzle 76**

Mots	Synonyme 1	Synonyme 2

Défi n°2

Maintenant que vous vous êtes échauffé, notez 5 mots que vous avez découverts dans les Puzzles n° 9, n° 17, n° 25 et essayez de trouver 2 antonymes pour chaque mot. Combien pouvez-vous en trouver en 20 minutes ?

Notez 5 Mots du **Puzzle 9**

Mots	Antonyme 1	Antonyme 2

Notez 5 Mots du **Puzzle 17**

Mots	Antonyme 1	Antonyme 2

Notez 5 Mots du **Puzzle 25**

Mots	Antonyme 1	Antonyme 2

Défi n°3

Formidable ! Ce défi final n'est rien pour vous.

Prêt pour le dernier défi ? Choisissez 10 mots que vous avez découverts parmi les différents puzzles et notez-les ci-dessous.

1.	6.
2.	7.
3.	8.
4.	9.
5.	10.

Maintenant, composez un texte en pensant à une personne, un animal ou un lieu que vous aimez !

Astuce: Vous pouvez utiliser la dernière page de ce livre comme brouillon !

Votre Composition :

CARNET DE NOTES :

À TRÈS BIENTÔT !

Toute l'équipe

DECOUVREZ DES JEUX GRATUITS

GO

↓

BESTACTIVITYBOOKS.COM/FREEGAMES